Consolata Angello

Tecnologias de informação e comunicação para um melhor acesso à vida

Consolata Angello

Tecnologias de informação e comunicação para um melhor acesso à vida

Um caso de áreas urbanas e peri-urbanas seleccionadas na Tanzânia

ScienciaScripts

Cover image: www.ingimage.com

This book is a translation from the original published under ISBN 978-3-330-05165-2.

Publisher:
Sciencia Scripts
is a trademark of
Dodo Books Indian Ocean Ltd. and OmniScriptum S.R.L publishing group

120 High Road, East Finchley, London, N2 9ED, United Kingdom
Str. Armeneasca 28/1, office 1, Chisinau MD-2012, Republic of Moldova, Europe
Printed at: see last page
ISBN: 978-620-7-00379-2

ÍNDICE

AGRADECIMENTOS

Gostaria de expressar a minha sincera gratidão a todas as pessoas que me ajudaram a realizar esta grande tarefa. Este trabalho é o resultado de muitas mãos e mentes sem as quais teria sido impossível. A minha primeira e principal gratidão é para com Deus Todo-Poderoso por me ter concedido as Suas graças em termos de vida, boa saúde, vontade e inteligência para prosseguir os meus estudos. Este feito não teria sido possível sem as Suas bênçãos eternas.

Gostaria de expressar a minha sincera gratidão à minha entidade patronal, a Universidade de Agricultura de Sokoine (SUA), por me ter dado a oportunidade de estudar, nomeando-me para uma bolsa de estudo e concedendo-me uma licença de estudo. Estou também muito grato ao meu patrocinador, o Serviço Académico de Intercâmbio Alemão (DAAD). O seu apoio financeiro e o seu empenhamento tornaram possível o meu estudo. Agradeço-lhes por terem cumprido as suas obrigações financeiras atempadamente, sem atrasos desnecessários. Sem o seu apoio financeiro, não teria conseguido alcançar este grande objetivo.

Estou muito grato ao meu supervisor, o Professor Jangawe Msuya, e à minha co-supervisora, a Professora Doris Matovelo, pela sua orientação inteligente ao longo dos meus estudos. Aprecio muito o seu tempo e a sua disponibilidade para me ouvirem sempre e darem os seus conselhos profissionais quando precisei deles, apesar das suas responsabilidades avassaladoras. Agradeço-lhes também o seu encorajamento nos momentos difíceis e o facto de terem poupado o seu precioso tempo para ler e corrigir o meu trabalho e fazer as suas críticas construtivas.

O meu sincero agradecimento vai também para o meu querido marido, Sr. Raymond John Salanga, e para os meus quatro adoráveis filhos: Yvonne, Cecylia, Angela e Emmanuel. Agradeço ao meu marido por me ter permitido prosseguir os meus estudos enquanto ele se ocupava sozinho de todas as outras responsabilidades domésticas. Os meus estudos não teriam sido fáceis sem o seu amor, encorajamento, conselhos inteligentes, orações e apoio. Agradeço também aos meus filhos pela sua paciência, orações e amor contínuo, mesmo quando fui obrigada a ausentar-me de casa durante longos períodos de tempo.

Estou em dívida para com todos os funcionários do governo a quem consegui obter autorizações de investigação que me permitiram realizar os meus estudos em diferentes áreas. Estou também grato a todos os extensionistas que pouparam o seu tempo e caminharam comigo durante longas distâncias até aos criadores de gado para administrar os questionários. Agradeço também a todos os extensionistas que participaram nas entrevistas. As suas respostas honestas contribuíram muito para esta realização. Este trabalho não teria sido possível sem a sua ajuda e empenhamento.

Devo uma gratidão especial aos meus colegas que dispensaram o seu precioso tempo para ler a minha proposta e pelas suas críticas construtivas e conselhos inteligentes. Alguns destes colegas são o Dr. Wema, o Dr. Katunzi-Mollel, o Dr. Nkebukwa, o Prof. Nawe, o Sr. Mtega, o Dr. Sife e o Prof. Dulle, para mencionar apenas alguns; as suas contribuições para este estudo são muito apreciadas. Estou também grato a todos os criadores de gado que se dispuseram a responder aos meus questionários e a participar nas discussões.

Este trabalho só foi possível graças às muitas pessoas que contribuíram para o tornar melhor. Não posso mencionar cada uma das pessoas em particular, mas devo os meus mais profundos agradecimentos a todos aqueles que, de uma forma ou de outra, contribuíram para a conclusão bem sucedida deste estudo. Todas as suas contribuições em termos de tempo, conselhos, encorajamento, apoio financeiro e moral serão sempre recordadas e apreciadas. Que Deus os abençoe a todos!

DEDICAÇÃO

Este trabalho é dedicado aos meus queridos pais; o meu pai, Sr. Angello Alfred Mujunangoma, e a minha mãe, Sra. Mary Angello Kagemulo, que lançaram os alicerces da minha educação. Sou o que sou hoje graças ao seu amor e sacrifícios que fizeram de mim uma pessoa melhor, da qual se orgulham agora. Que Deus vos abençoe abundantemente, papá e mamã! Que vivam muito tempo para desfrutarem dos frutos da minha educação.

RESUMO

Os criadores de gado urbanos e periurbanos precisam das TIC para acederem a mais informação que possa levar à melhoria das práticas de criação de gado. Apesar das infra-estruturas TIC bem desenvolvidas nas zonas urbanas, os criadores de gado ainda não dispõem de informação suficiente sobre boas práticas de criação animal. Este estudo investiga o grau de utilização das TIC pelos criadores de gado urbanos e periurbanos e a forma como o acesso à informação sobre o gado pode ser melhorado através da utilização das TIC. A abordagem de método misto é a metodologia utilizada neste estudo, em que os dados quantitativos são recolhidos através de questionários, enquanto os dados qualitativos são recolhidos através de entrevistas aprofundadas e observações participantes. Os dados quantitativos são analisados utilizando o Statistical Package for Social Sciences (SPSS) e os dados qualitativos são analisados através da análise de conteúdo. Os resultados deste estudo revelam que a maioria dos criadores de gado urbanos e periurbanos (94,1%) utiliza as TIC para aceder à informação sobre o gado. Além disso, são utilizados diferentes tipos de TIC, embora a utilização de telemóveis seja mais proeminente do que outras TIC, como a rádio, a televisão e a Internet, que são utilizadas em menor escala. Conclui-se que as TIC são ferramentas importantes para aceder à informação sobre o gado, mas a sua utilização é dificultada por vários factores, incluindo os elevados custos de comunicação, a falta de conhecimento dos programas de rádio/televisão e as fracas competências informáticas. As implicações políticas do estudo incluem a melhoria dos serviços de telecomunicações através dos organismos competentes, de modo a facilitar um maior acesso à informação através da utilização das TIC. A melhoria dos serviços de extensão e veterinários é também importante para permitir um maior acesso à informação sobre o gado, para melhorar o sector pecuário e o desenvolvimento económico.

LISTA DE ABREVIATURAS

AFRRI	African Farm Radio Research Initiative
ASDP	Agricultural Sector Development Programme
AMSDP	Agricultural Marketing Systems Development Programme
APDIP	Asia-Pacific Development Information Programme
ARENET	Agricultural Research and Extension Network
ATIRI	Agricultural Technology and Information Response Initiative
CROMABU	Crops Marketing Bureau
CTA	Technical Centre for Agricultural and Rural Cooperation
DATICS	District Agricultural Training and Information Centres
FARA	Forum for Agricultural Research in Africa
FAO	Food and Agriculture Organization
FICOM	Farmers' Information Communication Management
GDP	Gross Domestic Product
ICT	Information and Communication Technology
ICTs	Information and Communication Technologies
IDRC	International Development Research Centre
IIRR	International Institute for Rural Reconstruction
INTERGIS	Integrated Registration and Genetic Information System
ISP	Internet Service Provider
IT	Information Technology
KACE	Kenya Agricultural Commodity Exchange
LINKS	Livestock Information Network and Knowledge System
LLL	Linking Local Learners

MFS	Machobane Farming System
MRCs	Market Resource Centres
NAADS	National Agricultural Advisory Services Programme
NEPAD	New Partnership for African Development
NGOs	Non-Governmental Organizations
PSTN	Public Switched Telephone Network
PADEP	Participatory Agricultural Development and Empowering Project
RUAF	Resource Centre for Urban Agriculture and Forestry
SMEs	Small and Medium Enterprises
SMS	Short Messaging Service
SUA	Sokoine University of Agriculture
TCRA	Tanzania Communications Regulatory Authority
TFDA	Tanzania Food and Drugs Authority
TTCL	Tanzania Telecommunications Company Limited
TV	Television
UDSM	University on Dar es Salaam
UN	United Nations
UNDP	United Nations Development Programme
UNCHS	United Nations Centre for Human Settlements
UNSTAT	United Nations Statistics
URT	United Republic of Tanzania
VERCON	Virtual Extension Research and Communication Network
VSAT	Very Small Aperture Terminal

CAPÍTULO 1
INTRODUÇÃO

1.1Informações gerais

A gestão da informação nos últimos anos tem sido facilitada devido a vários avanços nas Tecnologias de Informação e Comunicação (TIC). Está a ser gerada uma enorme quantidade de informação e esta informação tem de ser organizada, armazenada e divulgada de forma a ser segura e fácil de recuperar. Os vários tipos de informação que estão a ser gerados também precisam de ser acedidos por todos os indivíduos visados, para que estes possam beneficiar da informação. Este processo do tratamento e divulgação da informação tornou-se possível graças a várias TIC. Globalmente, as TIC têm sido utilizadas em vários sectores, incluindo a banca, a educação, os cuidados de saúde, a governação e a agricultura. De acordo com Maru (2003), as TIC revolucionaram a produção e os serviços em todo o mundo. Nos países mais desenvolvidos, a utilização das TIC tornou-se fundamental para melhorar a produtividade na agricultura. Na Índia, por exemplo, o potencial de utilização das TIC reside tanto nos sistemas de pecuária intensiva como nos de pequenos agricultores. As TIC podem contribuir para o sector da pecuária através de uma melhor gestão dos dados e da informação, de melhores serviços, incluindo a comercialização, e de uma melhor aprendizagem e desenvolvimento de capacidades.

Em África, as TIC têm um grande potencial para melhorar o acesso à informação agrícola, melhorando assim o sector agrícola. As TIC tornaram-se ferramentas importantes para registar o desempenho do gado e os níveis de produção. Muitos agricultores comerciais em África utilizam programas informáticos de registo e gestão que transformam os dados brutos de desempenho em informação que pode ser utilizada imediatamente a nível da exploração agrícola local. Na África do Sul, por exemplo, a maior parte dos dados locais sobre o gado são introduzidos num sistema de informação centralizado chamado Sistema Integrado de Registo e Informação Genética (INTERGIS), que estabelece referências nacionais de produtividade do gado, permite comparações de todos os animais em termos de potencial genético, e fornece aos decisores políticos e aos agricultores uma fonte de referência fiável (Westhuizen, 2003). Os agricultores do Senegal estão agora em melhor posição para receberem informações precisas sobre o mercado nos seus telemóveis. Os pequenos produtores já não têm de aceitar o primeiro preço que lhes é oferecido; com acesso a informação de mercado actualizada, podem negociar para tentar obter um melhor negócio. Também podem comunicar mais facilmente com outros agricultores, tornando viável a criação de cooperativas que podem explorar novos mercados e vender os seus produtos a compradores maiores (CTA, 2009).

Vários estudos indicaram que as TIC têm sido utilizadas para aceder a informação agrícola em alguns países da África Oriental, incluindo o Quénia e o Uganda (Ferris, 2004; Achora e Ngolobe, 2009; Kiplagat, 2009; Gantt e Cantor, 2010). No Quénia, as TIC, como os telemóveis, têm sido utilizadas com sucesso pelos trabalhadores comunitários de saúde animal na divulgação de informação. Os telemóveis permitiram que os prestadores de serviços de saúde animal se mantivessem actualizados sobre questões de saúde animal e partilhassem informações sobre a disponibilidade de medicamentos veterinários essenciais. Também contribuíram para uma redução dos custos de transação (transporte, tempo gasto em deslocações e outros custos diversos envolvidos no tratamento dos animais), levando a um maior acesso e eficiência na prestação de serviços de saúde animal (Kithuka *et al.,* 2001). A Bolsa de Mercadorias Agrícolas do Quénia (KACE) também disponibiliza informações fiáveis e atempadas sobre a disponibilidade e os preços de uma vasta gama de mercadorias e estabelece a ligação entre compradores e vendedores nos mercados nacionais, regionais e mesmo mundiais, através de SMS (Short Message Service), de um serviço interativo de resposta por voz e do sítio Web da KACE (Okolla, 2002). No Uganda, os produtores de leite utilizam agora telemóveis para se ligarem a serviços de informação sobre preços. Estes serviços fornecem informações actualizadas sobre os preços de uma vasta gama de produtos através de SMS. O agricultor pode, assim, decidir qual o melhor comprador antes de iniciar a longa viagem com o seu produto (Karamagi e Nalumansi, 2009).

Na Tanzânia, como em muitos outros países africanos, a produção animal é uma das principais actividades agrícolas. O subsector contribui para o abastecimento alimentar nacional, converte os recursos das pastagens em produtos adequados para consumo humano e é uma fonte de rendimento tanto para os agricultores como para o país. Representa cerca de 30 por cento do Produto Interno Bruto (PIB) agrícola. Da contribuição do subsector para o PIB, cerca de 40% provêm da produção de carne de bovino, 30% da produção de leite e outros 30% da produção de aves de capoeira e de pequenos animais. Aproximadamente 99% dos efectivos pecuários na Tanzânia pertencem a pequenos criadores de gado, com os grandes ranchos e explorações leiteiras a constituírem os restantes 1% (URT, 2007). Em Dar-es-Salaam, a agricultura urbana é o segundo maior empregador, depois do pequeno comércio e da mão de obra, e 74% dos agricultores urbanos criam pombos (Waters Bayer, 1995; Schiere e Van Der Hoek, 2001).

Este estudo foi efectuado entre criadores de gado que mantêm diferentes espécies animais em sistema de pastagem zero em zonas urbanas e peri-urbanas. A maioria destes criadores de gado mantém o gado como uma atividade adoptada, para além de outras actividades profissionais, principalmente para aumentar o seu rendimento, embora alguns mantenham o gado como uma continuação da cultura. De acordo com Jacobi *et al.* (2005), a criação urbana de gado na Tanzânia está regulamentada na prática e é comummente praticada como pastagem zero, tal como é exigido pelos estatutos da criação urbana de gado. Por conseguinte, o desenvolvimento do sector da pecuária poderia contribuir para reduzir substancialmente o nível de pobreza. A estratégia governamental de desenvolvimento para aumentar a produção e a produtividade do sector pecuário insere-se na Estratégia Nacional de Desenvolvimento Agrícola. O principal objetivo é a promoção de um sector pecuário orientado para o mercado, capaz de apoiar os níveis de rendimento dos criadores de gado pobres (URT, 2005).

Em quase todos os países em desenvolvimento, a criação urbana de gado está a tornar-se cada vez mais importante, à medida que aumenta a procura urbana de produtos animais. A procura de informação sobre a produção pecuária também está a crescer, tanto no sentido das exigências expressas pelos próprios produtores, como no sentido mais geral de um potencial crescente para aumentar a produção através da disponibilização de informação (Morton e Matthewman, 1996). Uma produção animal eficaz e lucrativa não pode ser alcançada se a informação não estiver disponível ou acessível aos criadores de gado. A informação é muito importante porque permitirá aos criadores de gado domesticar os seus animais da forma mais rentável. Este facto é sublinhado por Brodnig e Mayer-Schonberger (2000) que referem que uma informação precisa e fiável é um elemento chave para o desenvolvimento sustentável.

Os criadores de gado precisam de informação sobre doenças do gado, nutrição, tratamento e controlo de doenças, técnicas de reprodução e mercados para os seus produtos, entre muitas outras necessidades de informação. Estas necessidades de informação podem ser agrupadas em cinco rubricas: insumos agrícolas; educação para a extensão; tecnologia agrícola; crédito agrícola; e comercialização (Ozowa, 1995). Toda esta informação tem de ser disponibilizada, acedida e utilizada pelos criadores de gado, de modo a aumentar a produtividade e, consequentemente, melhorar os seus meios de subsistência. Existem várias TICs que podem ser utilizadas pelos criadores de gado urbanos no acesso à informação, ao contrário dos criadores de gado rurais. Exemplos destas tecnologias incluem: telefones/telemóveis, televisão, rádio e a Internet. Estas tecnologias podem ser muito úteis para fornecer vários tipos de informação aos criadores de gado, dependendo das suas necessidades de informação.

A investigação demonstrou que a falta de acesso à informação é um dos principais obstáculos ao desenvolvimento, incluindo o desenvolvimento agrícola. A criação de gado enfrenta a falta de investigação e de prestação de serviços: o acesso à informação e a adoção de tecnologias melhoradas são limitados para os criadores de gado urbanos de pequena escala. Esta situação é agravada pelo facto de os serviços existentes não estarem adaptados às suas necessidades e circunstâncias (CIRAD, 2009). Uma das estratégias para lidar com este problema é a organização e o trabalho em rede entre os criadores de gado urbanos de pequena escala, para melhorar o acesso à informação e a outros serviços: os criadores de gado urbanos devem tornar-se mais conscientes dos potenciais benefícios da organização e do trabalho em rede como meio de aceder à informação e aos serviços e melhorar as estratégias de comercialização (Guendel, 2002). De acordo com Munyua (2008), as tecnologias emergentes e os novos materiais são factores-chave de sucesso para enfrentar os desafios dos pequenos agricultores. A informação e o conhecimento são considerados recursos produtivos de primeira ordem e desempenham um papel fundamental para garantir a segurança alimentar e o desenvolvimento sustentável. A principal motivação para a realização desta investigação surge do interesse do investigador em descobrir o papel das TIC na aquisição e divulgação de informações sobre o gado. Isto deve-se à insuficiência de provas na literatura sobre a forma como as TIC são utilizadas para divulgar informação aos criadores de gado urbanos. De acordo com Ramkumar (2005), a disseminação de conhecimentos através de métodos adequados é importante. Embora os sistemas modernos de telecomunicações tenham progredido rapidamente, os benefícios ainda não chegaram aos proprietários de gado em pequena escala. De acordo com Kapange (2002), as TIC são cruciais para facilitar a comunicação e o acesso à informação agrícola. Uma vez que a agricultura é o sector prioritário nacional, é uma das áreas potencialmente benéficas para a aplicação das TIC para a transformação económica. Mas até que ponto estas TIC são utilizadas pelos criadores de gado urbanos na Tanzânia e como é que as TIC melhoraram o acesso dos criadores de gado ao conhecimento e à informação sobre a criação de gado? Esta é a principal questão desta investigação.

1.2Declaração do problema

Apesar das infra-estruturas de TIC relativamente bem desenvolvidas nas zonas urbanas, os criadores de gado urbanos ainda carecem de informação adequada sobre as práticas de criação de gado (CIRAD, 2009). Isto deve-se ao facto de dependerem principalmente dos serviços de aconselhamento como fontes de informação, que são geralmente insuficientes (Gakuru *et al.,* 2009). Sabe-se que a falta de informação atempada é o maior constrangimento à produção agrícola em pequena escala, um sector que fornece meios de subsistência a 70-80% da população africana. Esta falta de informação leva a más práticas de criação, o que por sua vez leva a uma fraca produção. Outros problemas relacionados com a informação com que se defronta o sector pecuário na Tanzânia incluem: más práticas de criação (por exemplo, má nutrição dos animais, más condições de alojamento e falta de higiene), más medidas de controlo de doenças e falta de mercados para os produtos pecuários. Esta situação poderia provavelmente ser melhorada através da utilização das TIC para obter a informação necessária a tempo, resolvendo assim alguns dos problemas relacionados com a informação que os criadores de gado enfrentam na criação de gado. Jensen (2002) e African Connection, Strategic Planning (2002) afirmam que, com sistemas de informação melhorados, seria mais fácil obter preços de mercado muito melhores, vender os seus produtos diretamente aos distribuidores e negociar melhores preços. No entanto, até agora, o potencial de impacto das TIC neste sector ainda não recebeu muita atenção.

De acordo com Schilderman (2002), as TIC não desempenharam o seu papel na obtenção da informação necessária para as populações urbanas (especialmente as pobres), embora se acredite geralmente que as TIC têm um grande potencial para melhorar significativamente o acesso das populações urbanas ao conhecimento e à informação. Este facto foi confirmado por Souter *et al.* (2005) que afirmaram que existem poucas provas científicas em comunidades urbanas específicas sobre as formas como os indivíduos e as comunidades exploram o acesso e beneficiam das TIC. Na Tanzânia, ainda não há provas claras sobre a forma como as TIC, como os telemóveis, a rádio, a televisão e a Internet, ajudam os criadores de gado urbanos a aceder à informação sobre o gado. Um estudo de Chilimo (2009) refere que, apesar da forte crença no papel das TIC para o desenvolvimento socioeconómico, ainda faltam provas claras de como as TIC podem ser utilizadas para atingir este objetivo no contexto tanzaniano. Por conseguinte, este estudo investiga o grau de utilização das TIC pelos criadores de gado urbanos e periurbanos na Tanzânia e contribui, assim, para o conhecimento da forma como estas TIC são utilizadas para aceder a informações sobre o gado e, consequentemente, melhorar as práticas de criação de gado nas zonas urbanas da Tanzânia.

1.3Objectivos

Os objectivos do presente estudo são os seguintes;

1.3.1 Objetivo principal

O principal objetivo deste estudo é investigar até que ponto as TIC são utilizadas pelos criadores de gado urbanos e peri-urbanos nos distritos urbanos de Kinondoni e Morogoro e os factores que influenciam a utilização das TIC, a fim de melhorar a sua utilização no acesso à informação sobre o gado.

1.3.2 Objectivos específicos

Os objectivos específicos deste estudo são os seguintes

1. Identificar as diferentes necessidades de informação dos criadores de gado nos distritos urbanos de Kinondoni e Morogoro.
2. Avaliar a eficácia das diferentes fontes de informação utilizadas pelos criadores de gado nos distritos urbanos de Kinondoni e Morogoro.
3. Avaliar as percepções dos criadores de gado nos distritos urbanos de Kinondoni e Morogoro, sobre a utilização de diferentes tipos de TIC no acesso à informação sobre a criação de gado.
4. Identificar as lacunas existentes em termos de utilização das TIC nos distritos urbanos de Kinondoni e Morogoro, a fim de sugerir formas de melhorar a sua utilização no acesso à informação sobre a criação de gado.
5. Determinar os desafios que os criadores de gado dos distritos urbanos de Kinondoni e Morogoro enfrentam na utilização das TIC e propor possíveis estratégias para ultrapassar os desafios.

1.3.3 Questões de investigação

Este estudo é orientado pelas seguintes questões de investigação;

1. Quais são as necessidades de informação dos criadores de gado nos distritos urbanos de Kinondoni e Morogoro?
2. Qual é a eficácia das fontes de informação utilizadas pelos criadores de gado nos distritos urbanos de Kinondoni e Morogoro?
3. Quais são as percepções dos criadores de gado nos distritos urbanos de Kinondoni e Morogoro, sobre a utilização de diferentes tipos de TIC no acesso à informação sobre a criação de gado?
4. Quais são as lacunas em termos de utilização das TIC nos distritos urbanos de Kinondoni e Morogoro e qual a melhor forma de utilizar as TIC para melhorar o acesso à informação sobre a criação de gado?
5. Quais são os desafios que os criadores de gado dos distritos urbanos de Kinondoni e Morogoro enfrentam na utilização das TIC e quais são as

estratégias para ultrapassar os desafios?

1.4Significância (contribuição) da investigação

A maioria dos estudos sobre as TIC realizados na Tanzânia e no mundo em geral centrou-se nas zonas rurais devido ao fosso digital que existe entre as zonas urbanas e rurais; mas este estudo é diferente porque investiga a utilização das TIC por uma comunidade urbana específica na Tanzânia (criadores de gado urbanos e peri-urbanos). Tendo em conta as infra-estruturas TIC relativamente bem desenvolvidas nas zonas urbanas e o papel das TIC no desenvolvimento socioeconómico, era necessário realizar um estudo para determinar o grau de utilização das TIC por comunidades urbanas específicas e o papel que essas TIC desempenharam na divulgação de informações relevantes para essas comunidades. Este estudo é significativo na medida em que revelou o contributo das TIC no acesso à informação sobre o gado e na melhoria das práticas de criação de gado em zonas urbanas e periurbanas.

Este estudo é também relevante na medida em que contribuiu para a literatura existente sobre o tema. Isto é feito através de um aumento do conhecimento sobre a utilização das TIC por comunidades urbanas específicas, revelando até que ponto as TIC são utilizadas no acesso à informação e as percepções dos utilizadores sobre a importância das TIC no acesso à informação e, assim, melhorar as práticas de criação de gado. O estudo contribui para o debate mundial sobre "o papel das TIC no desenvolvimento socioeconómico", na medida em que revela como diferentes tipos de TIC são utilizados por comunidades urbanas específicas e como estas comunidades beneficiam das TIC no acesso à informação e na melhoria das suas actividades de criação de gado.

Este estudo também é importante porque identificou as lacunas existentes na utilização das TIC nas zonas urbanas e peri-urbanas. As conclusões deste estudo confirmaram que as comunidades urbanas utilizam diferentes tipos de TIC para aceder à informação sobre o gado, embora a utilização destas TIC seja dificultada por vários factores. Outro significado deste estudo é o facto de dar recomendações aos intervenientes relevantes nas telecomunicações e aos decisores políticos das TIC sobre as formas de melhorar a utilização das TIC no acesso à informação nas zonas urbanas e periurbanas. As conclusões deste estudo podem influenciar a criação de políticas ou podem levar à melhoria das políticas existentes sobre a utilização das TIC por comunidades urbanas específicas.

1.5Quadro concetual

Este estudo adoptou um quadro concetual sobre a criação de gado e a utilização das TIC, que foi modificado a partir do quadro concetual da estrutura da carta de trabalho de Bystrom e Jarvelin (1995), que incorpora diferentes conceitos de informação e a forma como estes conceitos estão relacionados entre si. Estes conceitos incluem os termos: informação, necessidade de informação, fonte de informação, canal de informação e tecnologia de informação e comunicação. Este quadro concetual classifica as tarefas em diferentes categorias com base nas diferentes funções de trabalho dos indivíduos. Também classifica diferentes categorias de informação com base nas necessidades de diferentes indivíduos e, finalmente, classifica diferentes fontes de informação de acordo com a categoria de informação que é procurada. Em combinação, as três classificações sugerem um conjunto de hipóteses do género: *"As tarefas de complexidade do tipo X requerem informação do tipo Y que está disponível em fontes do tipo Z"* (Jarvelin e Wilson, 2003). Assim, as classificações sugerem relações analíticas entre as variáveis, como mostra a Figura 1 abaixo;

Figura 1: A estrutura do diagrama de trabalho de Bystrom e Jarvelin (1995)

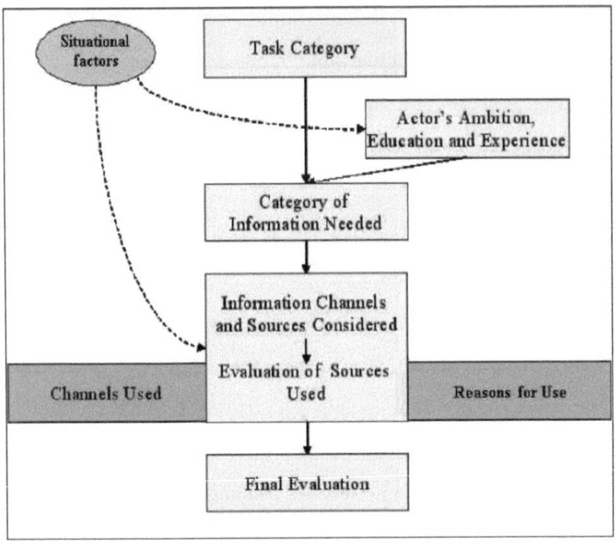

Fonte: Bystrom e Jarvelin (1995)

Com base nos objectivos específicos deste estudo, foi adotado um quadro concetual sobre a criação de gado e a utilização das TIC (ver Figura 2). Este quadro concetual foi adotado para orientar este estudo porque mostra a relação entre a categoria da tarefa, a categoria da informação necessária e as fontes de informação consultadas, que são os principais objectivos específicos (variáveis) deste estudo. Como afirmam Jarvelin e Wilson (2003), um modelo concetual fornece uma estratégia de trabalho; um esquema que contém os principais conceitos e as suas inter-relações. Orienta a investigação para conjuntos específicos de questões de investigação. O quadro concetual também foi utilizado na discussão dos resultados do estudo.

Este quadro concetual orienta o estudo ao mostrar os objectivos específicos da investigação a partir dos quais surgem as principais questões de investigação do estudo. O quadro também orienta o estudo ao mostrar a inter-relação que existe entre os diferentes conceitos, segundo a qual a categoria de tarefa determina as necessidades de informação, que por sua vez determinam as fontes de informação. Neste estudo, a categoria de tarefa é a criação de gado. Esta categoria de tarefa influencia a categoria de informação que é necessária para os criadores de gado. Por sua vez, a categoria de informação necessária (informação sobre o gado) determina as fontes de informação que são consultadas pelos criadores de gado. Estas variáveis constituem os objectivos específicos do estudo, que são analisados para se obterem as principais conclusões do mesmo.

As TIC como canais de informação utilizados pelos criadores de gado também estão incluídas neste quadro concetual, onde a utilização destas TIC no acesso à informação sobre o gado é avaliada para revelar até que ponto as TIC são utilizadas e os factores que afectam a sua utilização no acesso à informação sobre o gado. Os factores situacionais são factores que não são constantes, mas que variam em função de determinadas circunstâncias. Os factores situacionais incluídos neste quadro são: fontes e/ou canais de informação, o nível de educação dos criadores de gado, o seu estatuto económico e experiência na criação de gado. Estes factores são situacionais porque mudam com o tempo e diferem de um criador de gado para outro. Uma vez identificadas as TIC utilizadas e a forma como são utilizadas pelos criadores de gado para aceder à informação sobre o gado, são determinados os desafios que afectam a utilização destas TIC e são também identificadas as possíveis soluções para ultrapassar os desafios. Esta investigação leva à identificação de lacunas na utilização das TIC nas zonas urbanas e periurbanas e recomenda formas de melhorar a utilização das TIC no acesso à informação sobre o gado.

Figura 2: Um quadro concetual sobre a criação de gado e a utilização das TIC

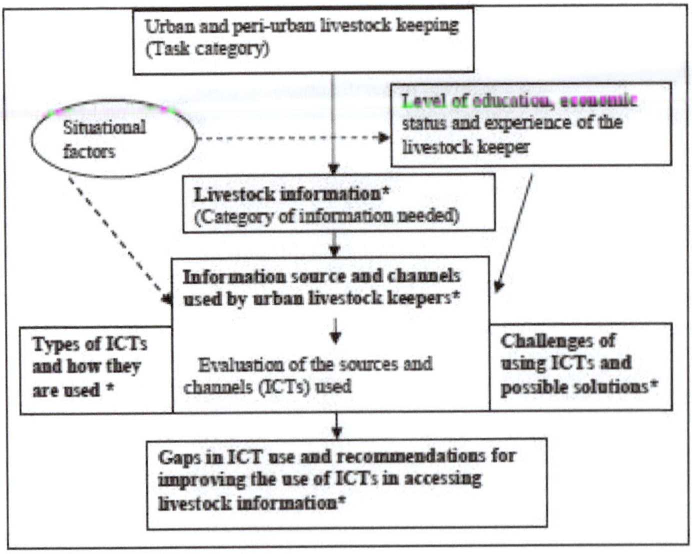

Fonte: Modificado de Bystrom e Jarvelin (1995)

* Indica os principais domínios de incidência

1.6Definições operacionais de conceitos básicos

i) Informações

A informação é definida como todos os factos, conclusões, ideias e trabalhos criativos do intelecto humano que foram comunicados, formal ou informalmente, sob qualquer forma (Reitz, 2007). Para efeitos do presente estudo, a informação sobre o gado é constituída por todos os factos, conclusões, ideias e trabalhos criativos relacionados com a criação de gado; estes incluem informação sobre boas práticas de criação (por exemplo, informação sobre nutrição e alojamento), informação sobre doenças e seus tratamentos, informação sobre mercados, etc.

ii) Fonte de informação

No contexto deste estudo, uma fonte de informação pode ser definida como qualquer documento ou pessoa que forneça a informação requerida por um criador de gado à procura de informação sobre gado, por exemplo, extensionistas, veterinários e outros criadores de gado, clientes e potenciais clientes de produtos pecuários e materiais impressos.

iii) Canal de informação

Este estudo define canal de informação como um meio através do qual a informação passa para chegar ao seu destino. Pode ser um dispositivo utilizado para transmitir uma informação de um ponto (a fonte) para outro (o recetor). Neste estudo, um canal de informação pode ser um telemóvel, uma rádio, uma televisão ou a Internet.

iv) Necessidade de informação

A necessidade de informação é definida como uma lacuna no conhecimento de uma pessoa que, quando sentida a nível consciente como uma pergunta, dá origem a uma procura de resposta (Reitz, 2007). Neste estudo, a necessidade de informação é uma lacuna de conhecimento sentida pelos criadores de gado urbanos, que dá origem à procura de informação através de várias fontes e canais de informação.

v) Tecnologias da informação e da comunicação

As Tecnologias da Informação e da Comunicação (TIC) podem ser geralmente definidas como a aplicação da tecnologia moderna na criação, gestão e utilização da informação (Teraro e Braun, 2009). Greenberg (2005) também define as TIC como qualquer meio eletrónico de captar, processar, armazenar e disseminar informação. De acordo com May et al. (2007), as TIC podem ser consideradas como um sistema integrado que incorpora a tecnologia e a infraestrutura necessárias para armazenar, manipular, fornecer e transmitir informações, as instituições jurídicas e económicas necessárias para regular o acesso e a utilização das TIC e as estruturas sociais e interpessoais que permitem a partilha de informações, facilitam o acesso à infraestrutura das TIC e através das quais a inovação tem lugar. O termo TIC pode significar, de forma variável, TIC muito antigas, como livros, jornais e bibliotecas; TIC antigas, como rádio e televisão; ou novas TIC, como telemóveis, computadores e Internet, ou os três aspectos. No presente estudo, as TIC englobam as definições de antigas e novas TIC. Uma definição útil é a de meios electrónicos de captura, processamento, armazenamento e disseminação de informação (Greenberg, 2005). O termo refere-se geralmente a tecnologias electrónicas e informáticas que são utilizadas na comunicação, por exemplo, telemóveis, rádio, televisão e Internet.

vi) Zona urbana

Uma área urbana pode ser definida de forma diferente por diferentes países, dependendo da densidade populacional, das actividades humanas e das estruturas de construção. De acordo com Weeks (2008), o termo "urbano" é definido como uma caraterística de um lugar que incorpora elementos de população, densidade, organização social e económica e a transformação do ambiente natural num ambiente construído. No contexto deste estudo, uma área urbana é definida como uma localização geográfica numa cidade ou vila.

vii) Zona periurbana

A definição de periurbano é arbitrária. De acordo com a FAO (1999a), o termo 'periurbano' pode ser definido como uma área que não é nem inteiramente urbana nem puramente rural no sentido tradicional; é, no máximo, a área parcialmente urbanizada. Neste estudo, periurbano é definido como uma área imediatamente circundante a uma cidade ou vila

viii) Pecuária urbana

A FAO (1998a) define um sistema pecuário urbano como uma forma de criação de gado que se concentra nas cidades e nos seus arredores, por oposição à criação de gado rural que se concentra nas zonas rurais. De acordo com a FAO (2007), um sistema pecuário urbano é, portanto, caracterizado por uma grande variedade de sistemas pecuários que ocorrem em áreas densamente povoadas e nas suas imediações, e que interagem fortemente com as comunidades humanas ricas e pobres circundantes de diferentes formas, a vários níveis da hierarquia do sistema e com áreas rurais próximas e distantes. No entanto, é muito difícil, se não impossível, dar uma definição mais exacta que seja universalmente válida. Isto porque há problemas em definir os significados exactos de urbano, região periurbana, gado, sistema pecuário e onde estão os limites.

A pecuária urbana pode ser geralmente definida como a criação de animais domesticados que se concentra nas cidades e nos seus arredores (FAO, 2007). Esta definição é adoptada para este estudo como significando a criação de animais domésticos nas cidades (i.e. áreas urbanas) e nas áreas circundantes (i.e. áreas peri-urbanas). Os animais envolvidos neste estudo incluem: bovinos, caprinos, suínos, ovinos e galinhas.

1.7Disposição da tese

Esta tese está organizada em cinco capítulos diferentes; o primeiro capítulo apresenta a introdução do estudo, o segundo capítulo apresenta a revisão da literatura. A metodologia de investigação é descrita no terceiro capítulo, enquanto o quarto capítulo apresenta e discute os resultados. O último capítulo resume o estudo e apresenta conclusões e recomendações. Os conteúdos destes capítulos são descritos e resumidos de seguida:

Capítulo I

Este capítulo apresenta o tema em estudo e fornece a informação de base do estudo. Este capítulo descreve a declaração do problema, descreve os objectivos e as questões de investigação, explica a importância da investigação, discute o quadro concetual, define os termos básicos que foram utilizados nesta investigação e apresenta o esquema da tese.

Capítulo II

Neste capítulo é feita uma revisão da literatura, que começa por dar uma breve visão geral da agricultura urbana e dos estatutos da pecuária urbana na Tanzânia. Nesta revisão da literatura, são também discutidas as necessidades de informação dos criadores de gado e as fontes de informação normalmente utilizadas pelos agricultores para aceder à informação. A revisão retrata ainda o papel que as diferentes TIC têm desempenhado no acesso e disseminação da informação agrícola e os desafios associados à utilização das TIC. O capítulo discute depois o ambiente das TIC na Tanzânia, no qual é abordada a infraestrutura das TIC. A fratura digital é também explicada nos seus diferentes níveis e o seu impacto na utilização das TIC. Finalmente, a lacuna de investigação é retirada da revisão da literatura.

Capítulo três

Este capítulo descreve a metodologia que foi utilizada neste estudo. O capítulo explica também a abordagem de método misto que foi utilizada na recolha de dados, onde são discutidos os métodos qualitativos e quantitativos. Este capítulo descreve também a área de estudo, as técnicas de amostragem, a dimensão da amostra e os instrumentos de investigação. O capítulo explica ainda a forma como os dados foram analisados, os métodos de controlo de qualidade, as considerações éticas e as limitações do estudo.

Capítulo IV

Os resultados deste estudo são apresentados e discutidos neste capítulo. O capítulo começa por discutir a informação pessoal dos inquiridos, ou seja, o sexo, a idade, a educação e a experiência dos inquiridos e a forma como estes estão relacionados com a utilização das TIC no acesso à informação sobre o gado. Em seguida, o capítulo discute os resultados com base nas questões de investigação, em que os resultados de todas as questões de investigação são discutidos cronológica e explicitamente. Os resultados deste estudo são apresentados em termos de quadros, gráficos de pizza, gráficos de barras e fotografias.

Capítulo 5

Este capítulo resume o estudo, apresenta conclusões e recomendações do estudo. O capítulo resume toda a tese, do primeiro ao último capítulo, com base nas conclusões de cada um dos objectivos específicos. Também tira uma conclusão geral dos cinco capítulos desta tese e, por fim, apresenta recomendações sobre os resultados do estudo e sugere futuras áreas de estudo.

1.8Resumo

Este capítulo apresentou uma introdução geral e informação de base sobre o tema, na qual as TIC foram explicitamente definidas e categorizadas. As TIC foram descritas como ferramentas importantes e potenciais no acesso e disseminação do conhecimento agrícola. Este capítulo desenvolveu o papel da criação de gado na melhoria dos meios de subsistência urbanos. Também explicou as necessidades de informação dos criadores de gado urbanos. A falta de informação suficiente foi descrita como um dos principais problemas que afectam a criação de gado.

Este capítulo descreveu o significado deste estudo, após o que delineou os objectivos da investigação e as respectivas questões de investigação. Como explicado nos objectivos, este estudo pretende descobrir as TIC utilizadas pelos criadores de gado urbanos e peri-urbanos para acederem à informação sobre gado, como essas TIC são utilizadas e a extensão da sua utilização no acesso à informação sobre gado e o que pode ser feito para melhorar a utilização das TIC no acesso à informação sobre gado. A relação entre os diferentes conceitos, ou seja, a criação de gado (categoria de tarefa), as necessidades de informação, as fontes de informação e as TIC utilizadas neste estudo, foi bem explicada no quadro concetual e foram dadas definições operacionais dos conceitos básicos. Finalmente, o capítulo apresenta uma breve descrição dos capítulos da tese.

CAPÍTULO 2
REVISÃO DA LITERATURA

2.1Introdução

A revisão da literatura dá uma visão geral da agricultura urbana e periurbana, com ênfase na importância e nos desafios da pecuária urbana em todo o mundo e nas medidas que podem ser tomadas para lidar com esses desafios. Em seguida, discute-se a prática da agricultura urbana e periurbana na Tanzânia, com as suas políticas e acções legais. Esta literatura é depois organizada por ordem cronológica dos objectivos específicos. Em primeiro lugar, são discutidas as necessidades de informação dos criadores de gado urbanos, seguidas das limitações da utilização dos serviços de extensão como as principais fontes de informação utilizadas pelos criadores de gado. A utilização das TIC e os desafios da sua utilização nos serviços de extensão agrícola são também discutidos. A revisão analisa o ambiente das TIC na Tanzânia, seguido pelos diferentes tipos de TIC (i.e. rádio/televisão, telemóveis e Internet) e como estes são utilizados no acesso à informação agrícola. Aqui, a revisão da literatura também discute algumas das iniciativas baseadas nas TIC em África e, especificamente, na Tanzânia, e sublinha o potencial contributo das TIC para a agricultura, o desenvolvimento económico e a redução da pobreza. Finalmente, a revisão aponta as limitações da utilização das TIC e os factores que influenciam a utilização das TIC em África, para além do fosso digital. A partir da revisão da literatura, é identificada a lacuna de investigação.

2.2Uma visão geral da agricultura urbana e periurbana

A rápida urbanização não foi acompanhada de um crescimento económico equitativo e resultou num aumento da pobreza urbana (Guendel, 2002). De acordo com Veenhuizen (2006), o número de pessoas em todo o mundo que vivem nas cidades e nos seus arredores está a aumentar de forma constante. A UN-Habitat (2004) prevê que, até 2030, 60 por cento da população mundial viverá em cidades. O crescimento das cidades deve-se ao crescimento natural da população urbana e à migração das zonas rurais para as cidades. A rápida urbanização na África Subsaariana levou a sérias preocupações sobre a segurança alimentar dos agregados familiares nas zonas urbanas (UNCHS, 1996).

Veenhuizen (2006) define a agricultura urbana como o cultivo de plantas e a criação de animais para alimentação e outros usos dentro e ao redor das cidades e vilas, e atividades relacionadas, como a produção e o fornecimento de insumos, e o processamento e a comercialização dos produtos. A agricultura urbana, que inclui tanto a produção de culturas como a criação de gado, tem sido reconhecida como tendo um papel importante na vida económica, social e alimentar de muitas cidades da África Subsariana (UNCHS, 1996). Schmidt (2011) salienta que, para além de ser uma importante fonte de produtos frescos, carne e produtos lácteos para os consumidores, desempenha um papel económico vital como fonte de rendimento para os produtores e distribuidores e também serve uma função socializadora para os agricultores, comunidades e bairros. Além disso, a agricultura urbana tem uma série de impactos secundários, incluindo a redução dos custos de transporte de alimentos e benefícios ambientais. Quer seja praticada ao nível da subsistência ou como forma de complementar o rendimento de um profissional, a agricultura urbana é uma componente integral do ambiente urbano, amplamente praticada.

Schmidt (2011) argumenta ainda que, até há pouco tempo, as iniciativas de desenvolvimento agrícola se centravam principalmente nas zonas rurais, com a perspetiva de que a melhoria da produção alimentar nas zonas rurais poderia abastecer a população urbana em expansão. Isto é especialmente verdade para a produção animal, que tem recebido pouca atenção das iniciativas de investigação e desenvolvimento nas zonas urbanas. De acordo com o ICT Update (2006), grande parte da comunidade de política agrícola tem-se concentrado, na sua maioria, na agricultura rural, mas cerca de 800 milhões de pessoas (a maioria das quais no mundo em desenvolvimento) estão envolvidas na agricultura urbana. Além disso, cerca de 15% a 20% dos alimentos do mundo são efetivamente produzidos por agricultores urbanos. Os pobres dos países em desenvolvimento gastam geralmente entre 50% e 70% dos seus rendimentos em alimentação.

No entanto, a agricultura urbana pode produzir reduções significativas nas despesas das famílias com alimentos, e também abrir oportunidades de troca e venda de excedentes de produtos por dinheiro. Embora a agricultura urbana esteja muitas vezes associada a uma atividade descontrolada, e os governos tenham muitas vezes visto a agricultura urbana como um problema a eliminar em vez de a encorajar, a prática deve, portanto, ser uma componente de qualquer estratégia de redução da pobreza. Até recentemente, poucas autoridades reconheceram a importância da agricultura urbana como um sector produtivo. Muitas cidades estão agora a reavaliar essa atitude, pois podem ver os benefícios para o ambiente, a segurança alimentar e a redução da pobreza (ICT Update, 2006).

De acordo com a FAO (1995), o status da agricultura periurbana mudou de ilegal para tolerada, e somente nos últimos anos a agricultura periurbana começou a receber a atenção de doadores, pesquisadores e organizações de desenvolvimento como uma nova estratégia de desenvolvimento. A maioria dos estudos existentes sobre agricultura periurbana tem-se centrado na produção de culturas em áreas urbanas e periurbanas, deixando de lado o papel da produção animal. Outros sublinharam a importância global da agricultura periurbana sem distinguir entre produção vegetal e animal ou grupos sociais. Consequentemente, a informação sobre a produção pecuária urbana e peri-urbana numa perspetiva a favor dos pobres é limitada.

2.3A criação de gado nas zonas urbanas

A criação de gado dentro e fora das cidades é uma prática que remonta a tempos antigos (Waters Bayer, 1995; Schiere e Van Der Hoek, 2001). A pecuária urbana nos Estados Unidos da América (EUA) é uma atividade pouco conhecida e pouco regulamentada. A criação de animais na cidade tem múltiplos significados para as pessoas envolvidas e pode ser económica, cultural ou religiosa. As sucessivas vagas de imigrantes de todo o mundo para as cidades dos EUA, bem como os migrantes rurais do interior do país, trouxeram consigo os conhecimentos e as práticas de criação de coelhos, galinhas e, ocasionalmente, cabras e outros animais para uso doméstico (Bellows *et al.,* 2000).

Em cidades asiáticas como Hong Kong, Singapura, Calcutá ou Dhaka, a criação de porcos, aves de capoeira e peixes está generalizada e as ligações entre os criadores de animais e os restaurantes para o fornecimento de alimentos e a comercialização dos produtos são estreitas. Do mesmo modo, nos bairros pobres das cidades latino-americanas, como Lima, La Paz ou a Cidade do México, os porcos, as aves de capoeira e os porquinhos-da-índia são criados nos quintais e nos telhados (Waters-Bayer, 1995). Os estudos revelaram que mais de 20 000 agregados familiares em Bamako criam animais na cidade, e milhares de outras pessoas fornecem-lhes factores de produção ou serviços de comercialização; mais de um terço dos agregados familiares inquiridos em Harare criam animais, principalmente galinhas, mas também coelhos, pombos, patos e perus, e mesmo no Cairo, densamente povoado, 5% dos agregados familiares criam animais, especialmente galinhas e pombos (Waters Bayer, 1995; Schiere e Van Der Hoek, 2001). O facto de a pecuária urbana continuar a ser encontrada em todo o mundo implica vantagens para os intervenientes locais que pretendem iniciar alguma forma de criação de gado urbano (Schiere *et al.,* 2006).

2.3.1 Importância da pecuária urbana

As funções e formas da pecuária urbana têm mudado ao longo do tempo e, após décadas de negligência, os papéis da pecuária urbana estão agora a ser novamente reconhecidos pelas autoridades urbanas. Os animais podem ser tanto um incómodo como um benefício, servindo várias funções directas e indirectas nos ecossistemas urbanos, cada uma com diferentes prioridades a nível doméstico, municipal e nacional (Schiere *et al.,* 2006). A criação de gado é reconhecida pelo papel positivo que pode desempenhar nas condições de vida urbana em todo o mundo (RUAF, 2000; Bakker et al., 2000; Schiere, 2000). A criação de gado é de importância económica, contribuindo, em média, com 14-30% do PIB agrícola (FAO, 2006; NEP AD, 2006; UNSTAT, 2006; FAO, 2007). Os animais contribuem para a segurança nutricional através do fornecimento de carne, leite e ovos e fornecem importantes factores de produção agrícola, como a força de tração e o estrume, para sustentar a produção de culturas destinadas à alimentação humana e animal. Os animais também servem como sumidouros de investimento e fontes de rendimento em dinheiro em tempos de necessidade, como fornecedores de transporte de bens e serviços e são fundamentais para muitos eventos e cerimónias socioculturais (Asiedu *et al.,* 2009).

De acordo com Otte e Knips (2005), a produção animal pode contribuir para a redução da pobreza de várias formas. Pode aumentar a oferta de alimentos, servir como fonte de rendimento e meio de acumulação de capital, gerar emprego e fornecer factores de produção e serviços para a produção agrícola. Através do aumento da produção pecuária, muitos pequenos agricultores pobres teriam acesso direto a mais produtos alimentares derivados do gado (Neumann *et al.*, 2003). O gado e os produtos animais são as fontes mais importantes de dinheiro em muitos sistemas agrícolas mistos de pequenos agricultores na África Subsaariana. A venda de produtos animais como o leite, os ovos e as fibras gera um fluxo constante de rendimentos e a venda de animais vivos, carne e peles produz rendimentos esporádicos substanciais. O gado também contribui para a estabilidade dos rendimentos das famílias de agricultores, pois actua como um amortecedor de dinheiro (pequenos animais), uma reserva de capital (animais de grande porte) e uma proteção contra a inflação (Slingerland, 2000).

Sansoucy *et al.* (1995) afirma que, em sistemas agrícolas mistos, o gado reduz os riscos resultantes de quebras sazonais de colheitas, uma vez que contribui para a diversificação da produção e das fontes de rendimento. Embora a utilização de animais de tração esteja a diminuir em todo o mundo, esta tendência não se verifica na África Subsariana. Especialmente em áreas onde se pratica uma agricultura mista de culturas e pecuária, o aumento da utilização da tração animal pode ajudar a intensificação e contribuir para uma maior produção. Sansoucy *et al.* (1995) salienta ainda que a integração da pecuária e das culturas também permite a reciclagem eficiente dos resíduos e subprodutos das culturas como alimento para os animais e a utilização de estrume animal como fertilizante para as culturas. A criação de gado, especialmente no caso da produção de lacticínios, também gera emprego.

2.3.2 Desafios dos sistemas de pecuária urbana e possíveis soluções

Existem vários problemas e desafios colocados pela criação urbana de gado. Ishani (2007) afirma que um dos desafios são as más práticas de maneio dos animais por parte dos criadores de gado, que conduzem a riscos para a saúde da comunidade. Os riscos ambientais associados ao facto de se permitir que os animais andem livremente e devido às grandes quantidades de resíduos gerados e deixados ao acaso são outro desafio da criação de gado. O terceiro desafio é a aplicação das leis e regulamentos devido à desatualização das leis que regem a agricultura urbana e à falta de coordenação entre os vários ministérios envolvidos e as autoridades locais.

De acordo com Guendel (2002), os pontos fracos e os constrangimentos que afectam a criação de gado urbano são os seguintes

i) Gestão inadequada dos resíduos; todos os estudos de caso revelam que a eliminação dos resíduos animais, na sua forma atual, causa problemas ambientais e de saúde pública, que se tornarão ainda mais graves com o aumento do número de animais nas cidades.

ii) Disponibilidade de água; atualmente, a criação urbana de gado compete pelos recursos hídricos com os seres humanos, uma vez que a procura de água para esta atividade não é tida em conta pelos serviços de abastecimento. Em muitos bairros degradados, a água municipal tem de ser comprada e, por isso, o gado tem acesso a outras fontes de água, muitas vezes contaminadas.

iii) Saúde deficiente dos animais e custo elevado dos serviços veterinários; os estudos de caso mostram que a saúde dos animais é frequentemente deficiente devido a práticas de criação inadequadas. Os criadores de gado pobres raramente vacinam os seus animais, especialmente as espécies mais pequenas, como as cabras, as ovelhas e as galinhas. Devido ao elevado custo dos serviços veterinários e dos medicamentos para os animais, o tratamento não é o melhor possível.

iv) Disponibilidade e qualidade dos alimentos; a disponibilidade de alimentos para animais constitui um condicionalismo especial para as espécies pecuárias de maior dimensão, como o gado bovino, que normalmente não são alimentadas. A qualidade dos alimentos para animais é um problema para os animais que vivem em liberdade, uma vez que não existe qualquer controlo, ou existe um controlo muito limitado, sobre as fontes de alimentação.

v) Baixos níveis de produção; devido à disponibilidade limitada de alimentos para animais, à má qualidade e às más práticas de gestão, o nível de produção dos animais é geralmente baixo.

vi) A falta de rede e de organização entre os criadores de gado pobres; os criadores de gado pobres não estão organizados e, portanto, não podem expressar as suas exigências de forma concertada.

vii) Falta de investigação e de prestação de serviços; o acesso à informação e a adoção de tecnologias melhoradas são limitados para os criadores de gado urbanos pobres. Esta situação é agravada pelo facto de os serviços existentes não estarem adaptados às necessidades e circunstâncias dos pobres (por exemplo, os serviços de extensão e os cursos de formação promovem espécies que são menos relevantes para os pobres).

viii) Conhecimento limitado das práticas de criação de gado; como faltam fontes de informação e serviços de aconselhamento, os criadores de gado pobres têm muitas vezes um conhecimento limitado das práticas de criação de gado.

Além disso, Shiere *et al.* (2006) afirmam que os animais perto de casas e locais de trabalho podem ser um incómodo para os vizinhos (odor, ruído), entupir os sistemas de esgotos, causar problemas de tráfego e/ou contaminar as fontes de água (PNUD, 1996). Podem também causar poluição, doenças e desigualdade ao aumentar a carga de trabalho de mulheres e crianças.

No entanto, existem acções possíveis que podem ser tomadas para minimizar os desafios. De acordo com Ishani (2007), uma das soluções é o envolvimento das partes interessadas através de fóruns com várias partes interessadas, que incluem a comunidade, o governo, os sectores de mercado e outros, tais como académicos, organizações de investigação, entre outros. Outra abordagem é a realização de investigação sobre situações actuais e outras desconhecidas, tais como a prevalência de doenças zoonóticas entre os criadores de gado. A produção de conhecimentos relevantes sobre as práticas de maneio do gado e a formação dos criadores de gado em práticas adequadas de maneio do gado é outra solução possível, para além da divulgação dos conhecimentos produzidos às partes interessadas relevantes. Ishani (2007) afirma ainda que outra ação é a utilização de uma abordagem que envolva múltiplos atores, como o governo, a comunidade e outros, na formulação de políticas que regulem a agricultura urbana, de modo que a atividade seja ao mesmo tempo facilitadora e reguladora. A última, mas não menos importante, ação é assegurar que os planos urbanos incorporem a agricultura urbana e que todos os braços do governo estejam envolvidos. Richards e Godfrey (2003) opinam que, apesar dos desafios, a pecuária urbana está aumentando e não pode ser ignorada. Devemos trabalhar juntos para maximizar seus pontos fortes e oportunidades, minimizar suas restrições e fraquezas e assim proporcionar uma melhor qualidade de vida para todos.

2.4Agricultura urbana na Tanzânia

Na Tanzânia, a agricultura urbana é muito comum e envolve a criação de gado e o cultivo de plantas dentro e fora das cidades. A agricultura urbana é praticada tanto para fins de subsistência como para fins comerciais e evoluiu ao ponto de ser considerada uma estratégia de sobrevivência para os pobres urbanos e um imperativo económico para as famílias mais ricas. Ela é vista como especialmente importante para as famílias de baixa renda e para as famílias chefiadas por mulheres em particular (Foeken, *et al.,* 2004). A agricultura urbana na Tanzânia é praticada num contexto político e legal geralmente favorável. A nível ministerial, a agricultura urbana tem sido parcialmente encorajada pelos extensionistas agrícolas que oferecem educação não-formal aos moradores urbanos. Numa tentativa de encorajar os habitantes das cidades a produzir os seus próprios alimentos, o governo criou um serviço de extensão agrícola urbana nos anos 70, sob a tutela do Ministério da Agricultura e Segurança Alimentar (MAFS). Atualmente, o MAFS utiliza os seus Agentes de Extensão Agrícola e Pecuária (ALEAs), que trabalham nas cidades para promover a criação de gado e o cultivo de culturas. Os ALEAs visitam os habitantes das cidades e transmitem-lhes competências e conhecimentos modernos (educação não formal) sobre agricultura, para que a produção dos agricultores aumente (Mlozi, 2003).

A Política Nacional de Desenvolvimento dos Assentamentos Humanos de 2000 do Ministério do Território e do Desenvolvimento dos Assentamentos Humanos diz que "a agricultura urbana existe na maioria das áreas urbanas, tanto nos países desenvolvidos como nos países em desenvolvimento. Como atividade econômica, ela fornece renda e oportunidades de emprego para as populações urbanas, e uma fonte suplementar confiável de suprimento de alimentos para os moradores urbanos a preços acessíveis". Afirma ainda que "embora a agricultura urbana seja considerada um componente importante do desenvolvimento sustentável, a agricultura urbana praticada de forma inadequada entra em conflito com outros usos do solo urbano e leva à degradação da terra, à poluição da água e é uma ameaça à saúde e à segurança". Como declaração política, o governo deve, portanto:

i) Designar zonas especiais dentro das zonas de planeamento onde as pessoas terão direitos legais para se dedicarem a actividades agrícolas

ii) continuará a regulamentar e a investigar o comportamento da agricultura urbana e garantirá que esta não perturbe o desenvolvimento urbano planeado

iii) rever as leis existentes para facilitar a agricultura urbana planeada

iv) facilitar a construção de infra-estruturas adequadas para mitigar/prevenir a degradação dos solos, a poluição da água e os riscos para a saúde e a segurança nas áreas onde a agricultura urbana é permitida (URT, 2000).

2.4.1 Aspectos jurídicos e políticos da agricultura urbana na Tanzânia

Atualmente, a Tanzânia não tem uma política nacional para a agricultura urbana. Como resultado, os vários ministérios que lidam de alguma forma com a agricultura não têm um ponto de referência comum a partir do qual possam elaborar políticas e regulamentos relacionados ou que afectem a agricultura urbana. O ambiente legal ao nível local para a agricultura urbana também é um pouco ambíguo, em parte devido ao conhecimento e compreensão inadequados entre os residentes e os decisores sobre o papel da agricultura urbana (Schmidt, 2011).

Foeken (2004) afirma que tanto o governo quanto as autoridades urbanas da Tanzânia geralmente apóiam a agricultura urbana. Essa atitude positiva data das décadas de 1970 e 1980, um período caracterizado por uma economia pobre e pela escassez de alimentos. Para melhorar a situação de segurança alimentar, o governo e os líderes políticos repetidamente pediram aos moradores urbanos que produzissem seus próprios alimentos e criassem animais em seus quintais e em espaços abertos (Mlozi 2001a). Desde então, foram lançadas várias leis e regulamentos, que podem ser vistos como um reconhecimento do sector mas, ao mesmo tempo, como uma tentativa de o controlar. Por exemplo, a Política Agrícola e Pecuária de 1997 observa que "a agricultura não é uma função principal das cidades, mas quando corretamente organizada, tem o potencial de proporcionar emprego, rendimento e é uma fonte complementar de abastecimento alimentar" (Kitilla 2001: 79). O Recenseamento Agrícola por Amostra da Tanzânia de 2007/2008 mostra que o número de agregados familiares que mantêm diferentes tipos de gado em Dar es Salaam aumentou significativamente (URT, 2012), em comparação com as estatísticas sobre o gado apresentadas no Recenseamento da População e Habitação realizado em 2002 {referir URT, (2004b), URT, (2004c) e URT, (2004d)}.

De acordo com Jacobi *et al.* (2005), a agricultura urbana em Dar es Salaam tem recebido atenção em vários níveis políticos e é de alguma forma aceite como uma caraterística da cidade. O reconhecimento da agricultura urbana está refletido em várias leis e regulamentos, como a Lei do Governo Local (Secção 80) de 1982, a Portaria de Planeamento Urbano (CAP 378, 1992) e a Política Agrícola e Pecuária do Ministério da Agricultura e Cooperativas (MoAC 1997).

São dadas as seguintes directrizes (1992):

i) Por agricultura urbana entende-se a realização de actividades de criação de plantas e animais dentro dos limites legais do município.

ii) Ninguém pode ocupar ou utilizar mais de três hectares de terra para a agricultura urbana.

iii) Só é permitido o pastoreio zero e o número de cabeças de gado é limitado a quatro por pessoa.

iv) Qualquer atividade agrícola considerada incómoda, sob a forma de ruído ou cheiro, ou que represente um perigo físico para a segurança do público, não será permitida em zonas que não estejam classificadas como agricultura urbana.

A Política Nacional de Pecuária afirma que existem várias leis e estatutos aplicáveis ao sector da pecuária (URT, 2006b). Algumas destas leis estão desactualizadas e por vezes sobrepõem-se, resultando em arranjos institucionais e de gestão dispendiosos. Schmidt (2011) enfatiza que estes estatutos, que nunca foram alterados ou actualizados para refletir as condições ou questões actuais, como a poluição da água, apresentam uma série de problemas. Em primeiro lugar, são ambíguos. Não é claro, por exemplo, que animais são permitidos. Também não é claro se os regulamentos se referem apenas às zonas urbanizadas da cidade ou também às zonas periurbanas. Para além disso, o processo de obtenção de licenças não é explicado. Em segundo lugar, alguns dos regulamentos não têm em conta as necessidades específicas da agricultura nas zonas urbanas. Por exemplo, o limite de quatro animais não faz necessariamente sentido, e foi sugerido que esses regulamentos deveriam variar de acordo com o tipo de espécie e a densidade populacional. Jacobi *et al.* (2005), afirma que a criação urbana de gado é claramente permitida, mas regulamentada na sua prática. Apesar dos regulamentos pormenorizados, as autoridades não são muito fortes na aplicação destes regulamentos. Especialmente a criação de gado é amplamente praticada, muitas vezes não seguindo as regras e causando queixas das autoridades e dos residentes da cidade

2.4.2 Criação de gado periurbana na Tanzânia

De acordo com a Política Nacional de Pecuária de 2006, este tipo de agricultura refere-se à criação de gado nas periferias dos centros urbanos. Atualmente, a pecuária periurbana é praticada em todas as cidades da Tanzânia. Os tipos de gado criados neste sistema incluem gado leiteiro e de carne, aves de capoeira, porcos, galinhas e animais de estimação. Se for promovido, este tipo de sistema de produção tem o potencial de proporcionar emprego, rendimento e uma fonte suplementar de produtos animais aos habitantes das cidades. A pecuária periurbana é limitada por terras inadequadas, oferta insuficiente de stocks e insumos de qualidade, conflitos entre comunidades, conhecimentos inadequados, poluição e mercados não organizados. A política estabelece ainda que o principal objetivo é promover a criação de gado periurbana, a fim de criar emprego, melhorar o rendimento das famílias e a segurança alimentar. A pecuária periurbana rege-se pelas seguintes declarações políticas;

(i) O Governo reforçará os serviços de apoio técnico e promoverá a criação de gado periurbano.

(ii) O Governo encorajará e apoiará a criação de gado peri-urbana que seja amiga do ambiente (URT, 2006b).

2.5 Necessidades de informação dos criadores de gado

Case (2007) define a necessidade de informação como o reconhecimento de que o conhecimento individual é inadequado para satisfazer um objetivo pretendido. Esta inadequação influencia a forma como os indivíduos procuram a informação. Um estudo efectuado por Kalusopa (2005) revelou que os criadores de gado têm várias necessidades de informação. As necessidades de informação dos criadores de gado podem ser agrupadas em gestão de lacticínios, gestão de aves de capoeira e tecnologia, consoante o tipo de gado que criam. Os produtores de leite necessitam de informação relacionada com a transformação do leite, alojamento e ambiente, materiais e equipamento de construção, alimentos e alimentação, conservação de alimentos, aditivos para alimentação e produtos lácteos. A maioria dos criadores de gado necessita de informações sobre o controlo de doenças. O inquérito também revelou que os avicultores precisavam de informação sobre gestão de aves de capoeira, equipamento e acessórios para aves de capoeira, equipamento de incubação, equipamento de alimentação, armazenamento de alimentos, maquinaria de fabrico de alimentos, equipamento de manuseamento/transporte de produtos, equipamento de teste de qualidade e equipamento de poupança de energia. Os criadores de gado das zonas urbanas necessitam de informação sobre como evitar a poluição ambiental causada pelos seus animais, para além de outras necessidades de informação. Os criadores de gado das zonas urbanas precisam de procurar informação em várias fontes para satisfazerem as suas necessidades, um conceito conhecido como procura de informação, como se explica na secção seguinte.

2.5.1 O conceito de procura de informação

Como qualquer outro conceito complexo, a procura de informação tem significados diferentes em contextos diferentes. Em termos mais simples, a procura de informação envolve a procura, a recuperação, o reconhecimento e a aplicação de conteúdos significativos (Kelly, 2002). De acordo com Wilson

(2000), a procura ativa de informação representa um comportamento em que os indivíduos sentem falta de conhecimento e agem em função desse sentimento procurando informação, ou seja, a procura intencional de informação como consequência de uma necessidade de satisfazer um determinado objetivo. Marchionini (1989) define ainda a procura de informação como um caso especial de resolução de problemas. Inclui o reconhecimento e a interpretação do problema de informação, o estabelecimento de um plano de pesquisa, a realização da pesquisa, a avaliação dos resultados e, se necessário, a repetição do processo. Palsdottir (2009) sugere que a procura de informação pode ser dividida em dois estilos: a procura de informação intencional, caracterizada pelo facto de as pessoas decidirem que têm uma lacuna de conhecimento e agirem de acordo com essa decisão, procurando a informação em falta, e o encontro de informação, que pode ser descrito como os casos em que, por exemplo, as pessoas se deparam com informação que não estavam a procurar.

2.5.2 Teorias da procura de informação

Palsdottir (2009) discute uma série de modelos que têm sido utilizados para descrever diferentes tipos de actividades de procura de informação. Alguns destes modelos serão discutidos aqui, incluindo: a teoria da criação de sentido de Dervin (1992), o modelo de Ellis (1989 e 1993) de actividades de procura de informação, o modelo do processo de procura de informação (ISP) de Kuhlthau (1994), o modelo revisto de comportamento de informação de Wilson (1999) e o modelo de procura de informação na vida quotidiana de McKenzie (2003).

A teoria do sense-making é definida como "um conjunto de pressupostos e proposições metateóricas sobre a natureza da informação, a natureza da utilização humana da informação e a natureza da comunicação humana (Dervin, 1992). Na vida quotidiana, as pessoas encontram-se em situações em que se deparam com uma lacuna de conhecimento que as impede de avançar no tempo e no espaço e, para poderem continuar o seu processo, precisam de adquirir informação. As estratégias utilizadas pelas pessoas para obterem resposta às suas perguntas servem de ponte sobre o défice de conhecimentos, porque lhes permitem dar sentido à experiência e, assim, seguir em frente (Dervin, 1992). O modelo de Ellis (1989 e 1993) descreve as actividades de procura de informação como oito características, a saber: iniciar, encadear, navegar, diferenciar, monitorizar, extrair, verificar e terminar. De acordo com Ellis, a inter-relação destas características depende das circunstâncias de cada atividade de procura de informação. No entanto, Wilson (1999) sugeriu a forma como as características se podem relacionar em sequência. Wilson fala de atenção passiva, quando as pessoas encontram informação apesar de a procura de informação não ser intencional, por exemplo, quando utilizam os meios de comunicação social. O modelo ISP de Kuhlthau (1994) descreve a procura de informação numa série de seis fases sucessivas, a saber: Iniciação, Seleção, Exploração, Formulação, Recolha e Apresentação. Além disso, o seu modelo identifica a gama de emoções, pensamentos e acções que estão ligados a cada fase de procura de informação. McKenzie (2003), por outro lado, identifica um tipo de procura de informação intencional, que descreve como a procura de informação com um objetivo, de forma sistemática e estratégica (Palsdottir, 2010).

2.6 Fontes de informação dos agricultores e suas limitações

2.6.1 Serviços de extensão agrícola

O serviço de extensão é o processo contínuo de transferência de informação útil para as pessoas e de as ajudar a adquirir os conhecimentos, as competências e as atitudes necessárias para utilizar eficazmente essa informação ou tecnologia (Sasidhar e Sharma, 2005). Na maior parte dos países em desenvolvimento, os agricultores dependem largamente dos serviços de extensão agrícola como principal fonte de informação. Estes serviços são geralmente oferecidos gratuitamente pelo governo através dos extensionistas. Kalusopa (2005) argumenta que os serviços de extensão do governo fornecem informações relevantes para as actividades agrícolas. No entanto, a maioria dos agricultores continua a depender de métodos agrícolas autóctones devido à falta de sistemas fiáveis de fornecimento de informações. De acordo com Kalusopa, os agricultores confiam em grupos locais, familiares e experiências pessoais nas suas actividades agrícolas.

O objetivo da extensão agrícola nos países em desenvolvimento, incluindo a Nigéria, é melhorar a produtividade e os meios de subsistência dos agricultores rurais e das suas famílias. A tarefa importante da extensão é a troca e a partilha de informações, conhecimentos e competências (Sanusi *et al.,* 2010). Por conseguinte, a extensão é essencialmente um processo de comunicação em que vários participantes estão ligados para trocar informações e é um requisito essencial para o desenvolvimento sustentável. A mudança de paradigma na participação e na sustentabilidade, juntamente com a revolução nas tecnologias da informação e da comunicação, proporcionou oportunidades para a extensão e as comunidades rurais entrarem na era da informação (Arokoyo, 2003). No entanto, nos países desenvolvidos, como os Estados Unidos da América (EUA) e a Europa, a informação agrícola está a tornar-se um bem de preço fixo e é cada vez mais paga, com o sector privado a assumir um papel mais importante na transferência de informação (Rivera, 2000). Vários estudos mostraram que os agricultores consideram os extensionistas como fontes importantes de informação (Mgeni, 1978; Isinika e Mdoe, 2001).

Benor (1984) descreve a extensão pecuária como uma atividade que se relaciona com o processo de levar a tecnologia de criação de animais ao proprietário do gado para lhe permitir utilizar a informação na tomada de decisões apropriadas para melhorar a produção de animais e assim melhorar a sua economia. Os serviços de extensão pecuária procuram transmitir aos criadores as competências necessárias para realizar operações melhoradas de criação de animais, disponibilizar informação atempada e práticas melhoradas de uma forma facilmente compreensível e adequada ao seu nível de literacia e consciência e criar neles uma atitude favorável à inovação e à mudança. De acordo com Samanta (1993), o serviço de extensão é o mecanismo central no processo de criação de animais, tanto em termos de transferência de tecnologia como de desenvolvimento de recursos humanos.

2.6.2 Limitações dos serviços de extensão agrícola

Ao longo dos anos, os serviços de extensão agrícola em África entraram em colapso ou deixaram de funcionar. Nos casos em que funcionam, não resolveram de forma eficaz e eficiente os problemas dos pequenos agricultores (Munyua, 2008). De acordo com Matovelo (2008), os serviços de extensão têm as suas próprias deficiências, na medida em que tendem a ser orientados para pacotes na resolução dos problemas dos agricultores. Estas abordagens tendem a assumir que os agricultores são homogéneos em termos das suas necessidades, prioridades, capacidades e atitudes em relação às actividades agrícolas. Confiar nos agentes de extensão como principais fontes de informação também contribuiu para um atraso na difusão da inovação, uma vez que a maioria dos agricultores não se encontra com os agentes de extensão durante longos períodos de tempo. Este facto é atribuído à escassez de agentes de extensão que têm dificuldade em visitar todos os agricultores a tempo.

Mathewman e Mortan (1995) sublinham que os serviços de extensão são dispendiosos, na medida em que custa muito dinheiro produzir e imprimir materiais de extensão e formar toda uma cadeia de pessoal de extensão para compreender a nova tecnologia e responder às possíveis questões dos agricultores. Os serviços de extensão também consomem muito tempo porque, para que uma mensagem passe de uma fonte (estação de investigação ou universidade) para os agricultores, é necessário que muitos actores compreendam e transmitam a mensagem à camada seguinte; o processo exige muito tempo e esforços.

2.7 Utilização das TIC nos serviços de extensão agrícola em África e seus desafios

A extensão agrícola, que depende em grande medida do intercâmbio de informações entre os agricultores, por um lado, e uma vasta gama de outros actores, por outro, foi identificada como um domínio em que as TIC podem ter um impacto particularmente significativo. Os agentes de extensão, enquanto intermediários entre os agricultores e outros actores do sistema de conhecimento e informação agrícola, estão especialmente bem colocados para utilizar as TIC para aceder a conhecimentos especializados ou a outros tipos de informação (CTA, 2003).

De acordo com Gakuru *et al.* (2009), as TIC têm vindo a ser cada vez mais integradas na divulgação de informação agrícola em toda a África. As formas tradicionais de TIC, como a rádio e a televisão, tornaram-se mais prevalecentes na prestação de serviços de aconselhamento através da produção de programas que apresentam informação agrícola. Os ministérios nacionais da agricultura tentaram integrar as TIC na divulgação de informação e criaram centros de informação distritais que fornecem informação agrícola. Muitas ONG e organizações de investigação também tentaram facilitar a transferência de tecnologia no sector agrícola. Munyua (2008) afirma que, atualmente, a maior parte da informação agrícola é fornecida por extensionistas mas, infelizmente, o número de extensionistas tem vindo a diminuir enquanto o de agricultores tem vindo a aumentar, daí a necessidade de sistemas de informação inovadores para colmatar esta lacuna. Consequentemente, houve uma mudança no processo de extensão e a tónica é agora colocada na facilitação de serviços de informação, conhecimento, comunicação e defesa e na prestação de serviços mais amplos que melhorem os meios de subsistência. Uma combinação adequada de TIC poderia ser utilizada para libertar o tempo dos extensionistas e reduzir o número de agentes de mudança necessários e os custos associados, libertando assim recursos para a realização de actividades com impacto direto na produção, na produtividade e na comercialização dos produtos agrícolas dos pequenos agricultores.

A difusão das TIC no sector agrícola proporciona as oportunidades digitais necessárias para aumentar a produtividade, gerar rendimentos, diminuir as disparidades regionais e melhorar as suas ligações com o mercado (Ratna, 2008). Existem várias iniciativas em África que utilizam as TIC para oferecer serviços de extensão e formação a pequenos agricultores. Munyua (2008) cita vários exemplos de tais iniciativas que empregaram as TIC para reestruturar os serviços de extensão em África, incluindo o Sistema Agrícola de Machobane (MFS) no Lesoto, a Iniciativa de Resposta à Tecnologia e Informação Agrícolas (ATIRI), e a iniciativa Linking Local Learners (LLL) no Quénia, a Rede Virtual de Investigação e Comunicação sobre Extensão (VERCON) no Egipto, o Programa Nacional de Serviços de Aconselhamento Agrícola (NAADS) no Uganda, a Rede de Investigação e Extensão Agrícolas (ARENET) no Uganda e os Centros Distritais de Formação e Informação Agrícolas (DATICS) no Uganda.

Embora tenham sido criados vários projectos de TIC em África para colmatar esta lacuna, a maioria destas iniciativas baseia-se na Internet. Procurar informação nestas e noutras plataformas torna-se uma tarefa difícil para os agricultores analfabetos, uma vez que implica consultar muitas publicações ou navegar num grande número de páginas Web. As soluções baseadas na Web também trazem desafios porque a infraestrutura da Internet em África ainda é muito escassa. No entanto, estes são recursos muito úteis e tudo o que é necessário é proporcionar uma forma fácil de os agricultores navegarem neles. A utilização de telemóveis e de SMS são exemplos de soluções que deveriam ser mais utilizadas, pois oferecem uma acessibilidade fácil. No entanto, os SMS contêm apenas uma quantidade limitada de informação e requerem um nível básico de literacia (Gakuru *et al.*, 2009).

2.8 As diferentes TIC e o seu potencial para promover o crescimento da agricultura

As TIC podem ser meios eficazes de divulgar às comunidades enormes quantidades de informação relevante sobre mercados, tecnologia, preços, experiências bem sucedidas, facilidades de crédito, serviços e políticas governamentais, clima, culturas, gado e proteção dos recursos naturais. O conhecimento e a informação adquiridos podem ter um grande impacto na produção agrícola e na segurança alimentar (Girard, 2003). Algumas das aplicações emergentes das TIC na agricultura de pequena escala em África incluem sistemas de informação de mercado (MIS), bases de dados, facilidades de acesso público e aplicações móveis.

Estas TIC modernas podem desempenhar um papel importante na comunicação de conhecimentos e de informações às comunidades agrícolas, na distribuição de módulos de ensino, no acesso aos factores de produção, aos mercados e aos preços de mercado, ao crédito, na realização de negócios, na facilitação do trabalho em rede e no reforço das parcerias, no aumento das interligações das intervenções de desenvolvimento e no aumento da produtividade agrícola. Meios como a Internet, os meios baseados na Web, a telefonia móvel e as redes mediadas por computador, entre outros, estão a ser utilizados numa série de iniciativas em África para fornecer soluções de desenvolvimento (Munyua, 2008). As tecnologias de comunicação pessoais e comunitárias tendem a dividir-se em três categorias, nomeadamente: rádio/televisão, telemóveis e comunicações baseadas na Internet. As TIC são frequentemente categorizadas com base no tempo de utilização comum e, em certa medida, na tecnologia utilizada para a transmissão e armazenamento de informação. As TIC podem ser agrupadas em TIC novas (ou modernas), antigas (ou tradicionais) e muito antigas (Thioune, 2003). Os computadores, os satélites, as tecnologias sem fios, os telemóveis, a Internet, o correio eletrónico e os multimédia pertencem geralmente à categoria das novas TIC. Os conceitos subjacentes a estas tecnologias não são particularmente novos, mas a sua utilização comum e pouco dispendiosa é o que as torna novas. A maior parte destas tecnologias, e praticamente todas as suas novas versões, baseiam-se nas comunicações digitais. As TIC antigas ou tradicionais incluem a rádio, a televisão, os telefones de linha fixa e os aparelhos de fax. Trata-se de tecnologias que têm sido de uso comum em grande parte do mundo há muitas décadas. Tradicionalmente, estas tecnologias têm utilizado técnicas de transmissão analógicas, embora também estejam a migrar para o formato digital, agora menos dispendioso, que tem sido gradualmente enraizado nos hábitos diários e na vida das pessoas e das comunidades. Os jornais, os livros e as bibliotecas pertencem à categoria das TIC muito antigas; são de uso comum há várias centenas de anos.

É de notar que os rótulos novo, velho e muito velho se aplicam geralmente ao mundo desenvolvido. Em muitas partes do mundo em desenvolvimento, e particularmente em áreas onde as taxas de literacia são baixas, todas elas são efetivamente novas. Muitas vezes, a melhor solução para um determinado problema pode ser uma combinação ou um híbrido de várias TIC diferentes. A rádio à moda antiga combinada com a Internet tem sido uma combinação particularmente útil, tal como os boletins noticiosos em papel combinados com o mesmo material na Web. A rádio (para acesso generalizado) e o telefone (para feedback) também são amplamente utilizados em todo o mundo (Greenberg, 2005).

2.8.1 Rádio e televisão

Padania e Silvani (2005) afirmam que a rádio é uma das TIC mais importantes em muitos países em desenvolvimento e deve ser incluída em qualquer discussão sobre o tipo de Sociedade da Informação que contribuirá para alcançar os Objectivos de Desenvolvimento do Milénio. Uma das razões pelas quais a rádio é frequentemente excluída das discussões sobre as TIC é o facto de existir há muito tempo. É uma tecnologia de comunicação tradicional, talvez não considerada parte da nova revolução da informação, mas tem muitas características que a tornam tão importante como a Internet no fornecimento de acesso à informação e de uma plataforma para a interatividade. Padania e Silvani (2005) argumentam ainda que a rádio continua a ter uma penetração e um alcance extremamente amplos, particularmente em África, na América do Sul e em partes da Ásia. Está bem posicionada, mesmo em áreas mais remotas, para fornecer e interpretar informação de uma forma relevante para os seus ouvintes. Igualmente importante é o facto de as estações de rádio locais poderem oferecer às pessoas comuns uma forma relativamente barata de participarem em discussões sobre as questões locais ou globais que estão no topo da sua própria agenda. De facto, uma das mais excitantes revoluções da informação nos últimos 15 anos é esta revolução da rádio, que varreu muitas partes do mundo em desenvolvimento, e que continua ainda hoje.

Para muitos agricultores africanos, a única fonte de informação fora da comunidade é a rádio. Os aparelhos de rádio são relativamente baratos e podem ser utilizados em áreas remotas onde o fornecimento de eletricidade não é fiável ou é mesmo inexistente. A rádio local também dá voz aos agricultores, permitindo-lhes partilhar os seus conhecimentos e experiências, e adquirir informação prática que podem usar para melhorar os seus meios de subsistência. Tradicionalmente, a rádio tem sido um meio de comunicação unidirecional, em que os criadores de programas fornecem informações aos seus ouvintes. Mas, nos últimos anos, o número de estações de rádio em África cresceu rapidamente (existem agora mais de 300 estações no Mali, 120 no Gana e mais de 150 no Uganda) e as novas tecnologias de informação tornaram-se mais acessíveis, oferecendo muitas possibilidades para desenvolver uma comunicação de rádio mais interactiva e bidirecional para os agricultores (Rao, 2009).

Em África, existem iniciativas que se ocupam da divulgação de informação aos agricultores. Um exemplo de tal iniciativa é a African Farm Radio Research Initiative (AFRRI). A AFRRI está a ajudar os organismos de radiodifusão a criar programas com informação útil para os agricultores e a dar-lhes a oportunidade de darem feedback sobre o conteúdo dos programas. As estações de rádio de frequência modulada (FM), que são sobretudo iniciativas do sector privado e resultam da liberalização das ondas de rádio em África, tornaram-se ferramentas úteis para melhorar a agricultura de pequena escala nas zonas rurais. Estas estações

FM estão a ser utilizadas para facilitar o acesso aos mercados, o comércio eletrónico e o acesso a informação agrícola e de mercado actualizada e oportuna (Munyua, 2008).

Na Tanzânia, a radiodifusão é o principal meio de transmissão de informação e fonte de entretenimento, tendo conseguido chegar a mais de 85% dos tanzanianos. Cerca de 90% dos serviços de radiodifusão televisiva estão disponíveis nas grandes cidades (Dar es Salaam, Mwanza e Arusha); as pessoas das pequenas cidades têm de utilizar antenas parabólicas para receber os sinais de televisão, o que impede um grande número de pessoas de aceder ao serviço devido ao elevado custo inicial. A situação é ainda pior para as pessoas que vivem nas zonas rurais, uma vez que não dispõem de eletricidade da rede e de poder financeiro suficiente para pagar outras fontes de energia, como os painéis solares. Recentemente, a estação nacional de televisão da Tanzânia (atualmente TBC one) iniciou um programa de construção de torres para a transmissão televisiva em todas as regiões (algumas regiões já estão prontas) com a intenção de fornecer cobertura local terrestre; espera-se que este esforço aumente o número de pessoas que acedem aos serviços de televisão, embora muito tenha de ser feito nas zonas rurais (Isamuyo, 2006).

De acordo com a Autoridade Reguladora das Comunicações da Tanzânia (TCRA), a Televisão Digital Terrestre (TDT) (ou transmissão digital terrestre) refere-se à radiodifusão terrestre de televisão num formato digital. Atualmente, a radiodifusão terrestre na maioria dos países africanos é feita em formato analógico. Mas cada vez mais países (incluindo a Tanzânia) estão a planear e a implementar a migração da radiodifusão analógica para a digital. A principal razão para a migração é a libertação de espetro valioso que pode ser utilizado para outros serviços. O espetro é escasso e, por isso, é necessário fazer uma utilização mais eficiente do espetro disponível se se quiser disponibilizar mais serviços de telecomunicações e de radiodifusão numa base terrestre (TCRA, 2013).

Existem vários programas de rádio e televisão a que os criadores de gado podem aceder na Tanzânia. Alguns exemplos destes programas são:

i. "Kilimo bora" (programa televisivo baseado na investigação, destinado a educar os agricultores sobre os princípios básicos da agricultura - cultivo de culturas e criação de animais, tratamento do solo, gestão de pragas e métodos agrícolas alternativos. Abrange também a avaliação da aplicação de políticas, programas e projectos agrícolas. É transmitido pela Star TV).

ii. "Inuka" (um programa de rádio para agricultores e criadores de gado transmitido pela Radio Free Africa),

iii."Makala ya kilimo" (um programa de rádio sobre agricultura transmitido pela TBC Taifa Radio)

iv."Mfugaji wa kisasa" (um programa de rádio sobre a criação de gado transmitido pela TBC Taifa Radio e pela TBC one television)

v. Participatory Agricultural Development and Empowerment Project (PADEP); um programa sobre desenvolvimento agrícola transmitido pela televisão TBC one e pela rádio TBC Taifa).

De acordo com Greenberg (2005), a rádio é única pelo facto de ser relativamente barata de instalar. Estima-se que mais de 50% de todos os agregados familiares nos países em desenvolvimento têm acesso imediato a receptores de rádio, a receção de emissões não requer literacia e pode utilizar línguas indígenas mesmo que a população servida seja pequena. O custo das pilhas do recetor é a sua maior limitação. A rádio local pode ser uma ferramenta eficaz na construção da comunidade, particularmente para aqueles que vivem em áreas rurais e escassamente povoadas. Também se tem revelado eficaz na divulgação de informação sobre meios de subsistência (preços de mercado, previsões meteorológicas, cuidados de saúde, educação e potenciais catástrofes). Embora a sua implementação seja mais dispendiosa e menos acessível aos pobres, a televisão pode ter características semelhantes às da rádio. As suas principais limitações são a disponibilidade de receptores, energia eléctrica e cobertura.

2.8.2 Telemóveis

Em muitas partes do mundo em desenvolvimento, as comunicações telefónicas móveis estão agora amplamente disponíveis e podem ser acedidas a custos modestos. A possibilidade de efetuar uma chamada telefónica pode evitar uma viagem demorada e potencialmente arriscada à cidade ou, através da marcação de consultas, tornar a viagem mais eficaz. Isto pode melhorar a qualidade de vida, reduzir os custos e diminuir o tempo passado longe da alimentação ou das actividades geradoras de rendimentos. Nas zonas onde o serviço telefónico está disponível, os estudos demonstraram que uma grande percentagem da população faz regularmente uma chamada; surgem empresários que permitem uma partilha eficaz do telefone. O serviço de mensagens curtas (SMS), em que as mensagens de texto podem ser enviadas através de telemóveis, é um serviço de valor acrescentado que pode ser muito rentável, embora a alfabetização e a utilização de uma língua que a tecnologia suporta na forma escrita limitem a acessibilidade a alguns dos utilizadores (Greenberg, 2005).

Hoje em dia, os telemóveis tornaram-se a tecnologia de eleição para a comunicação. Os SMS, em particular, tornaram-se uma forma extremamente importante de enviar e receber informações. Estas mensagens curtas e simples são cómodas e acessíveis e, talvez o mais importante, a sua receção é (normalmente) gratuita. Outra vantagem do SMS é o facto de ser possível criar um sistema para enviar mensagens automaticamente a um grande número de pessoas ao mesmo tempo. O SMS é, por conseguinte, um meio ideal para as organizações e empresas atingirem o seu público-alvo, se quiserem fazer chegar uma mensagem a pessoas com acesso limitado ou inexistente à Internet. Os agricultores estão agora em muito melhor posição para receber informações precisas sobre o mercado nos seus telemóveis. Os pequenos produtores já não têm de aceitar o primeiro preço que lhes é oferecido; com acesso a informações de mercado actualizadas, podem negociar para tentar obter um melhor negócio. Também podem comunicar mais facilmente com outros agricultores, tornando viável a criação de cooperativas que podem explorar novos mercados e vender os seus produtos a compradores maiores (CTA, 2009). O telemóvel é agora considerado uma das TIC emergentes mais promissoras, que não só revolucionou a forma como os negócios são feitos em África, mas também permitiu que um grande número de produtores agrícolas acedesse aos mercados e à informação sobre os mercados utilizando o telefone e o Serviço de Mensagens Curtas (SMS). Algumas das iniciativas que utilizam o SMS para aceder a informações de mercado incluem a DrumNet (Quénia) e a MACE (Malawi), entre outras. A Safaricom Limited e a Celtel Limited introduziram a transferência direta de dinheiro por telemóvel para transferir crédito no Quénia (Munyua, 2008).

Com o projeto Enhancing Access to Agricultural Information (Melhorar o acesso à informação agrícola), que visa as mulheres agricultoras rurais do norte do Uganda, a organização utiliza o SMS em combinação com uma série de outras tecnologias e meios de comunicação, incluindo um sítio Web, emissões de rádio comunitárias e um centro de informação, o Kubere Information Centre. O projeto utiliza esta gama de tecnologias para fornecer informações agrícolas às mulheres agricultoras, ajudando-as a melhorar a produtividade, bem como para fornecer dados de mercado regulares e actualizados que lhes permitam chegar a novos compradores e, assim, aumentar os seus rendimentos. As mensagens SMS geradas pelas organizações participantes são traduzidas para a língua local, Luo, e enviadas para as agricultoras. As mulheres também podem utilizar os serviços de SMS para contactar peritos agrícolas para aconselhamento e para partilhar detalhes sobre outras fontes de informação disponíveis (Achora e Ngolobe, 2009).

2.8.3 Comunicações baseadas na Internet

Em todo o mundo, a Internet, o correio eletrónico, os sítios Web e as aplicações baseadas na Web estão a tornar-se cada vez mais importantes para a partilha e a divulgação de informações e conhecimentos agrícolas, a comercialização de bens e serviços e para fins comerciais. Em África, a DrumNet, no Quénia, está a desenvolver um sistema baseado na Web para facilitar o acesso dos pequenos agricultores à informação, aos mercados, ao crédito, aos factores de produção e a algumas transacções comerciais, enquanto a Tradenet.biz, na África Ocidental, a Foodnet, na África Oriental e Central, a KACE, no Quénia, e a MACE, no Malavi, desenvolveram plataformas comerciais electrónicas (Munyua, 2008).

De acordo com a Autoridade Reguladora das Comunicações da Tanzânia (TCRA, 2010), o sector da Internet na Tanzânia terá registado um crescimento exponencial nos últimos anos. O sector expandiu-se e mudou rapidamente desde a introdução do Converged Licensing Framework (CLF) em 2005, que tirou partido dos avanços tecnológicos, do número e dos tipos de serviços prestados no mercado e do crescimento da utilização da Internet. O número de utilizadores da Internet na

Tanzânia terá aumentado de 5% em 2005 para 11% em junho de 2010. A rápida evolução tecnológica das comunicações electrónicas, incluindo a utilização de telemóveis para acesso à Internet, é outro fator que contribuiu para o aumento registado da penetração da Internet na Tanzânia (TCRA, 2010). O acesso aos serviços da Internet, incluindo o correio eletrónico e a comunicação entre pares, foi alargado nas zonas urbanas através da introdução de cibercafés (Isamuyo, 2006). Um estudo recente realizado pelo Tanzania Business Times mostra que milhares de pessoas acorrem diariamente aos cibercafés para navegar na Internet e ler os seus e-mails. Em resultado da procura crescente destes serviços, os cibercafés têm vindo a multiplicar-se por todo o país (Shoki, 2010). Isamuyo (2006) afirma que uma das limitações da utilização da Internet na Tanzânia é a utilização do inglês na maioria dos conteúdos da Web, que é uma língua de elite na Tanzânia. Atualmente, cerca de 70 por cento de todo o conteúdo da Internet está em inglês e apenas 12 línguas das cerca de 6000 existentes no mundo representam cerca de 98 por cento do conteúdo total da Web. A língua suaíli, que constitui mais de 80% dos conteúdos dos media locais e da informação pública na Tanzânia, não se encontra entre as 12 línguas. Por outras palavras, o Swahili está entre as mais de 5.900 línguas mundiais, que constituem apenas dois por cento do conteúdo da Internet.

Os projectos de TIC na Tanzânia também enfrentam o problema comum da baixa capacidade e do custo da ligação à Internet. Atualmente, a TCRA licenciou menos de uma dúzia de empresas para fornecer serviços públicos de comunicação de dados, incluindo a largura de banda da Internet. Muitos fornecedores de serviços Internet (ISP) na Tanzânia ainda dependem da rede telefónica pública comutada (PSTN), das redes VSAT e de micro-ondas para fornecer serviços Internet (Materu-Behitse e Diyamett, 2010). De acordo com a atual política nacional de TIC da Tanzânia, estes operadores de dados têm iniciativas isoladas para ligar os seus pontos de presença (PoPs) à espinha dorsal global da Internet. Consequentemente, a Tanzânia não dispõe de ligações mais baratas e de alta capacidade à Internet mundial (Centre for Science, Development and Media Studies, 2008).

A enorme quantidade de informação e conhecimento da Web não corresponde às necessidades da maioria da população. Os diferentes países têm necessidades diferentes e uma diversidade de culturas e problemas que exigem abordagens específicas, especialmente nos países em desenvolvimento. Por conseguinte, é necessário inventar e multiplicar as mini-redes, as pequenas teias geográficas ou as redes comunitárias locais para tornar a Web realmente ampla e útil para a maioria das pessoas no mundo (Girard, 2003). As comunicações através da Internet e, em particular, o correio eletrónico têm objectivos semelhantes aos do telefone.

2.9Iniciativas de TIC para o fornecimento de informação agrícola em África

Os serviços de informação sobre o mercado estão atualmente a ajudar os agricultores dos países ACP (África, Caraíbas e Pacífico), fornecendo-lhes as informações de que necessitam para desenvolverem as suas actividades. Há várias iniciativas que têm continuado a inovar e a desenvolver estes serviços. Uma dessas iniciativas é a empresa senegalesa (Manobi) que fornece informações sobre o mercado agrícola em toda a África Ocidental. A Manobi desenvolveu um sistema que recolhe dados em tempo real e utiliza a Internet e as tecnologias móveis para acompanhar as flutuações diárias dos preços e as entregas dos produtos nos mercados. Ao longo de cada etapa da produção, os agricultores obtêm informações sobre uma vasta gama de temas, desde o acesso ao crédito e aos fornecimentos (sementes, controlo de pragas, fertilizantes) até ao contacto com os serviços de extensão, detalhes sobre preços, transformação e embalagem (Annerose, 2009).

Tal como a Manobi, a Bolsa de Mercadorias Agrícolas do Quénia (KACE) apercebeu-se de que os agricultores precisam de mais do que simples informações sobre o mercado; precisam de se ligar a outras empresas envolvidas na colocação dos seus produtos no mercado e junto dos consumidores. Por outras palavras, os agricultores precisam de se tornar parte da cadeia de abastecimento do mercado. A KACE ajuda a ligar os agricultores, as empresas e os mercados através de uma rede de centros de recursos de mercado (MRC) franchisados. Os centros fornecem à KACE dados de mercado actualizados, que são depois distribuídos aos agricultores por SMS. Os MRCs também oferecem Internet, correio eletrónico e telefone no local. Também no Quénia, a DrumNet opera uma rede de pontos de acesso à informação ou "infokiosks" que oferecem serviços de marketing, financeiros e de informação aos agricultores. Cada info-quiosque está equipado com uma ligação à Internet, um computador e telemóveis, e está ligado a um centro em Nairobi. Aí, a informação de todo o país é agregada numa base de dados central e é depois distribuída aos info-quiosques e aos agricultores por SMS.

Existem atualmente serviços semelhantes noutros locais da África Oriental. Estes incluem o projeto Farmers' Information Communication Management (FICOM), que começou por apoiar os produtores de leite no Uganda, e o FoodNet, que fornece informações sobre o mercado através do telemóvel e de emissões de rádio FM. Na África Ocidental, o BusyLab, um grupo de criadores de software do Gana, lançou o TradeNet (agora conhecido como Esoko), um serviço que permite aos agricultores enviar mensagens SMS a anunciar os seus produtos. As mensagens são publicadas na Web e enviadas por SMS aos subscritores que possam estar interessados nesses produtos. A vantagem deste serviço é que a informação chega a um público alargado (qualquer pessoa com acesso à Internet), incentivando assim o comércio transfronteiriço entre países vizinhos e mesmo entre continentes (CTA, 2009).

Na Tanzânia, existem vários projectos TIC que se ocupam da recolha e divulgação de informação agrícola, a maioria dos quais dirigida aos agricultores rurais. O Crops Marketing Bureau (CROMABU) é um exemplo destes projectos que recolhe e divulga informação relevante sobre os preços das colheitas nos mercados locais e internacionais. O projeto visa capacitar os pequenos agricultores, melhorando o seu acesso à informação sobre os preços e a perceção do fluxo comercial (Menda, 2005). O LINKS (Livestock Information Networking and Knowledge System) é outro projeto regional em curso e em expansão de informação sobre a comercialização do gado, que visa responder às necessidades de informação atempada e fiável sobre a comercialização do gado ou de produtores, comerciantes e decisores políticos no subsector do gado. Gakuru *et al.* (2009) apontam o Programa de Desenvolvimento do Sector Agrícola (ASDP) como outro projeto na Tanzânia destinado a permitir que as partes interessadas no sector agrícola, incluindo ministérios, autoridades governamentais locais, transformadores, comerciantes, prestadores de serviços e agricultores, comuniquem melhor e de forma mais eficaz, através de telemóveis e computadores ligados a redes de área alargada (WAN) e à Internet. O projeto First Mile é uma iniciativa do Programa de Desenvolvimento dos Sistemas de Comercialização Agrícola (AMSDP) do Governo da Tanzânia para ajudar os agricultores a melhorar a sua posição negocial no mercado, reforçando a sua capacidade para identificar oportunidades de mercado, negociar preços de compra e venda e ter uma palavra a dizer na definição de políticas. A essência de todos estes projectos é permitir que os agricultores, especialmente nas zonas rurais, adquiram as informações de comercialização necessárias.

2.10 A contribuição das TIC para o desenvolvimento económico e a redução da pobreza

2.10.1 Papel das TIC nas pequenas e médias empresas (PME)

As TIC podem ajudar a enfrentar muitos dos desafios que se colocam à criação e ao crescimento das PME. Podem torná-las mais eficientes, quer pelo impacto direto da tecnologia nos processos de produção e nas práticas empresariais, quer pelo acesso às melhores práticas mundiais. Podem alargar o seu acesso aos mercados, aos fornecedores, aos parceiros comerciais nacionais e internacionais e às fontes de capital. Podem melhorar o seu acesso aos clientes e facilitar a interação com os clientes existentes. De todas estas formas, as TIC podem ajudar as PME a servir de motor de emprego e crescimento nos países em desenvolvimento (McNamara, 2003). De um modo geral, uma informação mais completa e actualizada sobre os preços de mercado pode ajudar os pequenos agricultores e pescadores a obter melhores preços para os seus produtos e as TIC podem aumentar o seu acesso a essa informação em tempo útil. (Hewitt de Alcantara, 2001).

A política tanzaniana em matéria de TIC aponta as TIC como um dos pilares fundamentais do desenvolvimento socioeconómico de qualquer país. No entanto, para explorar todo o potencial das TIC, o acesso aos recursos em rede deve ser disponibilizado a um segmento maior dos cidadãos. Isto é igualmente verdade para os países desenvolvidos e em desenvolvimento (URT, 2003). Os resultados da investigação indicaram claramente que existe uma ligação direta entre o crescimento socioeconómico e a penetração da Internet per capita (Accenture

2001). Considera-se agora que as TIC têm um papel significativo a desempenhar na promoção do desenvolvimento social e económico, incluindo a melhoria dos meios de subsistência individuais, a prosperidade da comunidade e a realização dos objectivos de desenvolvimento nacional relacionados com os Objectivos de Desenvolvimento do Milénio da ONU (Souter *et al.*, 2005).

2.10.2 As TIC e a redução da pobreza

O Secretário-Geral das Nações Unidas (Ban Ki-moon), na sua mensagem para o Dia Mundial das Telecomunicações e da Sociedade da Informação, citada pelo Jornal Majira, comentou o seguinte: "As TIC transformaram a paisagem global; impulsionam a economia mundial e tornaram-se os grandes facilitadores da sociedade moderna, ajudando as pessoas a comunicar através das distâncias e das divisões culturais, facilitando o comércio e o comércio e proporcionando o acesso a recursos críticos como os cuidados de saúde e a educação" (Jornal Majira, 2011). As TIC têm o potencial de ajudar as comunidades pobres da África Subsariana a encontrar novas formas de acelerar o seu processo de desenvolvimento. A hipótese implícita é que, como o desenvolvimento não é um processo linear nem unitário, a natureza transformadora das TIC pode ser utilizada para catalisar um desenvolvimento económico e social rápido e sustentável. Os países desenvolvidos com base nas TIC têm conseguido tirar o máximo partido das oportunidades que estas ferramentas podem oferecer. Por conseguinte, os países e comunidades pobres devem poder tirar partido destas novas ferramentas para melhorar as suas capacidades de criação de riqueza e atingir um nível de desenvolvimento mais elevado (Thioune, 2003). As TIC podem, portanto, provocar mudanças positivas nos aspectos sociais, políticos, culturais e económicos se forem utilizadas de forma eficaz e ética.

A pobreza não é apenas um caso de baixo rendimento, mas também uma falta de acesso a cuidados de saúde, escolas e segurança social. Outros factores incluem a exposição à violência, à injustiça, à impotência e à incerteza face a situações inesperadas como doenças, acidentes e catástrofes naturais. A pobreza tem causas múltiplas e complexas. Os pobres não são apenas privados de recursos básicos; também não têm acesso a informações vitais para as suas vidas e meios de subsistência: informações sobre os preços de mercado dos bens que produzem, sobre saúde, sobre a estrutura e os serviços das instituições públicas e sobre os seus direitos. Falta-lhes visibilidade política e voz nas instituições e relações de poder que moldam as suas vidas. Não têm acesso ao conhecimento, à educação e ao desenvolvimento de competências que poderiam melhorar os seus meios de subsistência. Muitas vezes não têm acesso aos mercados e às instituições, tanto governamentais como sociais, que lhes poderiam fornecer os recursos e serviços necessários. Não têm acesso a oportunidades de obtenção de rendimentos e não dispõem de informação sobre as mesmas (Marker *et al.,* 2002).

Em alguns sectores da comunidade de desenvolvimento, existe uma forte convicção de que as TIC, como a rádio, a televisão, o telefone/telemóvel e a Internet, podem ser instrumentos eficazes e facilitadores da redução da pobreza (Harris, 2003). Apesar desta forte convicção, de grandes investimentos e de provas encorajadoras, tem havido poucas provas concretas prontamente disponíveis de que a utilização das TIC possa contribuir significativamente para a redução da pobreza. Nos casos em que há algumas provas de benefícios da utilização das TIC, há poucas indicações de que possam ser rentáveis e escaláveis. Além disso, mesmo quando há boas razões para utilizar a tecnologia, existe a preocupação de que os fundos poderiam ser mais bem utilizados para satisfazer algumas necessidades mais básicas. Outros profissionais do desenvolvimento consideram que as TIC são apenas um instrumento para informatizar processos e não têm qualquer relevância para a redução da pobreza. Independentemente destes pontos de vista, a importância crescente das TIC no mundo em desenvolvimento não pode ser ignorada (Greenberg, 2005).

2.11 Desafios relacionados com a informação enfrentados pelos pequenos agricultores em África

De acordo com Munyua (2008), os pequenos agricultores em África enfrentam muitos desafios que estão relacionados com a falta de informação suficiente sobre as práticas agrícolas. Estes agricultores têm uma base de conhecimentos fraca. Praticam sistemas de produção agrícola de subsistência e utilizam sobretudo instrumentos tradicionais. Não utilizam factores de produção agrícola adequados, o que conduz a uma diminuição da produtividade agrícola. Os pequenos agricultores dispõem de uma infraestrutura de mercado deficiente e de uma experiência de comercialização inadequada. Os preços oferecidos pelos produtos agrícolas são baixos, o acesso ao crédito é difícil e as ligações entre a agricultura e os outros sectores são fracas, tanto a montante como a jusante. Munyua (2008) argumenta ainda que existem desafios em matéria de insegurança alimentar, instalações de armazenamento deficientes, adição inadequada de valor, degradação dos recursos naturais e do ambiente. Outros desafios incluem serviços de extensão deficientes, acesso deficiente aos conhecimentos, à informação e às tecnologias agrícolas e tecnologias inadequadas às circunstâncias dos agricultores. Os pequenos agricultores são frequentemente ameaçados pela globalização e por práticas comerciais desleais. Além disso, são explorados por intermediários e carecem de subsídios.

2.12 Factores que influenciam a utilização das TIC em África

Obijiofor, *et al.* (2000) afirma que, embora se perceba que as TIC são adequadas para os países africanos, foi identificado um vasto leque de factores que inibem a introdução e utilização generalizadas das novas tecnologias. Estes factores incluem: a ignorância sobre a importância e a necessidade das TIC, que torna indiferentes às TIC mesmo as pessoas suficientemente ricas para as adquirir; a pobreza generalizada que leva à perceção dos computadores, por exemplo, como aquisições estrangeiras e de luxo; uma cultura deficiente de manutenção e reparação, em que são importadas peças sobressalentes e peritos técnicos dos fabricantes sempre que as tecnologias avariam; isto leva ao desperdício de recursos, tempo e dinheiro. Obijiofor *et al.* (2005) refere ainda outros factores como uma base de apoio infraestrutural deficiente; os exemplos incluem sistemas eléctricos e telefónicos ineficazes; falta de apoio do governo que leva ao subfinanciamento de programas de ciência e tecnologia em instituições terciárias; analfabetismo e falta de competências informáticas básicas; ausência de uma cultura de democracia, o que alimenta a agitação política e a relutância dos investidores estrangeiros em investir na área das TIC; e perceção das tecnologias (por exemplo, o computador) como um símbolo de estatuto ou afirmação da hierarquia de alguém na sociedade.

Apesar do elevado potencial das TIC para melhorar a agricultura de pequena escala em África, os padrões de utilização são baixos e a sua adoção não é fiável. Esta situação deve-se principalmente ao facto de as iniciativas no domínio das TIC estarem dispersas e descoordenadas, o que tem muitas consequências, nomeadamente: custo elevado das tecnologias disponíveis, infra-estruturas e competências inadequadas em matéria de TIC, conetividade deficiente e dispendiosa, políticas inadequadas em matéria de TIC, barreiras linguísticas, custo elevado das TIC e das telecomunicações, largura de banda reduzida, facilidades e sistemas de crédito inadequados e/ou inapropriados. Além disso, há um fraco envolvimento das mulheres e de outros grupos desfavorecidos, um conteúdo local adequado inadequado, instituições fracas e uma colaboração e sensibilização inadequadas para as instalações e recursos TIC existentes, uma cultura de partilha de informação deficiente e uma fraca sensibilização para o papel das TIC no desenvolvimento a todos os níveis (Munyua, 2008).

2.13 A fratura digital

De acordo com Donat *et al.* (2009), as TIC são a forma mais importante de nos informarmos na nossa sociedade. Infelizmente, nem todas as pessoas têm acesso à Internet e às TIC (fratura digital de primeira ordem), e um número incrivelmente elevado de pessoas não tem capacidade para utilizar as TIC de forma adequada e, por conseguinte, não pode retirar vantagens da sua utilização (fratura digital de segunda ordem). O facto de as pessoas poderem ou não ser informadas depende do acesso aos novos meios de comunicação e da capacidade de os utilizar. Warschauer (2010) define o termo fratura digital como o fosso entre os que têm acesso a computadores, à Internet e à informação em linha e os que não têm esse acesso. O fosso digital tem sido debatido em relação ao grupo de rendimentos, raça, etnia, idade, género e estatuto linguístico entre as pessoas de uma comunidade ou país. Utilizado a nível internacional, é frequentemente utilizado para referir as diferenças entre países que, em geral, têm maior acesso às TIC e países com menor acesso. Warschauer (2010) afirma ainda que o termo foi originalmente utilizado para se referir à desigualdade no acesso físico, representado pela posse de um computador em casa ou por ter uma conta na Internet. Pouco tempo depois, começou-se a incluir outros factores que permitiam às pessoas utilizar eficazmente as novas tecnologias, como as competências, os conhecimentos e o apoio social.

As disparidades globais no acesso à Internet e a outras TIC conduziram a uma fratura digital entre os que têm e os que não têm tecnologia (Nações Unidas, 2006). Van Dijk (2006) afirma que o termo não pode ser entendido sem abordar questões como as competências digitais e as análises culturais dos estilos de vida e dos padrões de utilização quotidiana. Por outro lado, o grande mérito da súbita ascensão do termo "fratura digital" é o facto de ter colocado na agenda académica e política a importante questão da desigualdade na sociedade da informação. A fratura digital é essencialmente uma divisão geográfica e pode ser classificada como global, regional ou nacional. O fosso digital global é um termo frequentemente utilizado para descrever as disparidades de oportunidades de acesso à Internet entre nações ricas e pobres, ou entre países desenvolvidos e países em desenvolvimento. A nível regional, África encontra-se numa situação particularmente má (Rao, 2005). De acordo com a UIT (2006), a clivagem digital é mais extrema em África, onde a utilização das TIC ainda se encontra numa fase muito precoce de desenvolvimento em comparação com outras regiões do mundo. A África Subsariana continua no fundo da lista das regiões em desenvolvimento nos inquéritos sobre a utilização da Internet em todo o mundo. Por exemplo, a África Subsariana tinha apenas um terço da penetração da Internet em comparação com o Norte de África ou um trigésimo da penetração europeia. Rao, (2005) afirma que, a nível nacional, existe um fosso digital urbano-rural. Nos países em desenvolvimento, em particular, há tendências claras para uma maior concentração dos fluxos de informação nas zonas urbanas e centrais. De acordo com Bjorn e Stein (2007), os países economicamente desfavorecidos e os distritos rurais e periféricos dessas nações tendem a ficar mais para trás no desenvolvimento dos recursos humanos, bem como no progresso económico e na participação política, alargando assim a clivagem digital intra-país ou nacional.

2.14 O ambiente das TIC na Tanzânia

A política de TIC da Tanzânia afirma que a Tanzânia fez um progresso notável na implantação das TIC; o acesso a tecnologias como a Internet, computadores, satélite, rádios e telemóveis tem crescido rapidamente nos últimos 10 anos na Tanzânia (TCRA, 2010a). Apesar das rápidas melhorias, o ambiente das TIC na Tanzânia é ainda um pouco difícil. As TIC estão concentradas em Dar es Salaam, a capital comercial, com pouca implantação ou acesso noutros centros urbanos ou nas zonas rurais da Tanzânia. Cerca de 10% dos tanzanianos possuem telemóveis, 17% da população de Dar es Salaam, 10% de outras zonas urbanas e 4% da população rural (Gillwald, 2005).

Na década de 1990, os serviços telefónicos eram muito pouco fiáveis na Tanzânia. O telefone fixo fornecido pela Tanzania Telecommunication Company (TTCL) prestava serviços nas capitais e tinha uma expansão lenta (Isamuyo, 2006). O Governo da Tanzânia introduziu a liberalização do sector das telecomunicações em 1994, na sequência da dissolução da então Tanzania Posts and Telecommunications Corporation (TP&TC) em dois organismos independentes, nomeadamente a Tanzania Telecommunication Company (TTCL) e a Tanzania Postal Corporation. Mais tarde, em 2003, foi criada a Autoridade Reguladora das Comunicações da Tanzânia (TCRA), que fundiu a Comissão das Comunicações da Tanzânia e a Comissão de Radiodifusão da Tanzânia (Mutagahywa *et al.*, 2006). A disponibilidade e a acessibilidade do serviço telefónico melhoraram significativamente, tanto nas zonas urbanas como nas rurais, o que levou a um aumento da penetração de menos de 1% na década de 1990 para mais de 30% em dezembro de 2008 (TCRA, 2008).

De acordo com Swarts e Wachira (2010), a Tanzânia representa 5% dos utilizadores de telemóveis em África e está em quarto lugar, depois da Nigéria, da África do Sul e do Quénia. A rede telefónica fixa nacional é inferior a uma ligação por cada 100 pessoas, enquanto o serviço móvel-celular, com a ajuda de vários fornecedores, está a aumentar. Tal como a maioria dos países africanos, a Tanzânia registou um crescimento exponencial dos telemóveis, enquanto o crescimento das linhas fixas foi mínimo em comparação. O Diretor-Geral da TCRA (Prof. John S. Nkhoma) referiu que: "Nós (Tanzânia) registámos um elevado crescimento do número de assinantes de telefones com ligação à Internet, de 300 237 no ano 2000 para mais de 20 milhões de assinantes atualmente, a maioria dos quais são jovens e vivem em zonas urbanas. Existem mais de 50 fornecedores de serviços postais e de correio em comparação com 13 no ano 2000. Temos 60 estações de rádio e 20 estações de televisão a funcionar atualmente, em comparação com 14 e 10 estações no ano 2000, respetivamente." (Jornal Majira (2011) e Calandro *et al.*, (2010)). De acordo com Ngalinda e Mutagahywa (2005), o acesso à Internet e aos computadores é extremamente limitado. Apenas 2% das pessoas na Tanzânia têm endereços de correio eletrónico, e a maioria delas vive em Dar es Salaam. Mais de três quartos das pessoas que têm endereços de correio eletrónico utilizam contas públicas gratuitas. Apenas 2% de todos os agregados familiares na Tanzânia têm um computador, todos eles em zonas urbanas. Mesmo assim, apenas 15% destes estão ligados à Internet, e vivem quase exclusivamente em Dar es Salaam.

Com o passar do tempo, tem-se registado um aumento dramático do número de pessoas que utilizam a Internet. Este facto foi confirmado por Shoki (2010), que refere que existem mais de 300 cibercafés só em Dar es Salaam e pelo menos 20 em Zanzibar. Este facto pode ser comprovado pelo aumento do número de cibercafés, especialmente em Dar es Salaam, bem como noutras zonas urbanas como Mwanza, Mbeya, Arusha, Tanga e Dodoma (TCRA, 2010). A reengenharia dos processos empresariais também está a ganhar terreno, pelo que muitas organizações informatizaram os seus sistemas de informação financeira, os sistemas de informação de recursos humanos, os sistemas de informação académica e os sistemas de informação das bibliotecas, para mencionar apenas alguns.

Estas melhorias notáveis nas TIC resultam de reformas governamentais significativas nas seguintes áreas: formação de um quadro jurídico e regulamentar, liberalização do sector das telecomunicações, emergência do sector privado nas TIC, privatização parcial da Companhia Nacional de Telecomunicações (TTCL), eliminação de todos os impostos e taxas sobre computadores e periféricos, emissão de licenças para operadores privados de dados e serviços, criação de Telecentros Comunitários Rurais na Tanzânia e estabelecimento de um Quadro de Licenciamento Convergente das Comunicações (i. e., convergência das telecomunicações e da radiodifusão).(ou seja, convergência das telecomunicações e da radiodifusão) oportunidades que a Tanzânia pode explorar para alcançar a Visão 2025 (Mutagahywa *et al.*, 2006). O Secretário-Geral da União Internacional das Telecomunicações (UIT) (Hamadoun I. Toure) sublinha que: "Hoje em dia, as TIC são potências da economia global e oferecem soluções reais para gerar crescimento económico sustentável e prosperidade. As TIC também actuam como catalisadores na aceleração do progresso para atingir os Objectivos de Desenvolvimento do Milénio". (Jornal Majira, 2011). Além disso, o advento da sociedade da informação oferece uma maior margem de manobra para que as TIC sejam utilizadas para elevar o sector agrícola e, assim, abordar e melhorar os meios de subsistência (Stienen *et al.,* 2007).

2.15 O défice de investigação

Esta análise da literatura revelou a importância das TIC para melhorar o acesso e a divulgação da informação agrícola em África. A literatura também revelou que as TIC podem ser ferramentas muito importantes para o acesso a informação agrícola relevante se forem usadas eficazmente pelas comunidades visadas (por exemplo, iniciativas TIC como Manobi (Senegal), DrumNet e KACE (Quénia) e CROMABU (Tanzânia). A revisão revelou que na Tanzânia existem vários projectos de TIC na agricultura mas, infelizmente, não há provas claras de como os agricultores e, em especial, os criadores de gado urbanos, beneficiaram dos projectos (uma vez que a maioria destes projectos está localizada em zonas rurais). Existe, portanto, uma lacuna de investigação na literatura sobre a aplicação das TIC por comunidades específicas na Tanzânia e, em particular, pelos criadores de gado urbanos, e sobre a forma como estas comunidades beneficiam destas tecnologias.

É necessário realizar uma investigação para avaliar a utilidade das TIC no acesso à informação sobre o gado e os desafios relativos à utilização das TIC no acesso à informação sobre o gado. Este estudo pretende colmatar esta lacuna, investigando o grau de utilização de várias TIC e as formas como a sua utilização pode ser melhorada no acesso à informação sobre o gado. Esta investigação centra-se nas zonas urbanas da Tanzânia, onde a infraestrutura das TIC está relativamente mais desenvolvida do que nas zonas rurais. A investigação, por sua vez, identifica lacunas na utilização das TIC pelos criadores de gado e sugere as melhores formas de utilizar as TIC para aceder à informação sobre o gado. Após a implementação das propostas políticas deste estudo, esta investigação conduzirá, em última análise, ao acesso e utilização atempados da informação sobre o gado, o que, por sua vez, conduzirá à melhoria das práticas de criação de gado e ao desenvolvimento do sector pecuário na Tanzânia.

2.16 Resumo

Esta revisão da literatura deu uma visão geral da agricultura urbana e periurbana em África e na Tanzânia. Discutiu-se a prática da criação de gado urbano em todo o mundo, com ênfase no seu papel nos meios de subsistência urbanos. Também foram discutidos os desafios da criação urbana de gado e as suas possíveis soluções. Esta revisão da literatura citou exemplos de como diferentes tipos de TIC são usados por várias comunidades agrícolas em diferentes países africanos (incluindo a Tanzânia) para aceder e disseminar informação agrícola útil. A literatura também lançou alguma luz sobre diferentes projectos de TIC na Tanzânia e noutros países africanos que se destinam a ajudar os agricultores (especialmente os agricultores rurais) a aceder e utilizar a informação agrícola. A revisão da literatura confirmou como os agricultores em diferentes países africanos, por exemplo no Quénia, Uganda e Senegal, utilizaram e beneficiaram de diferentes tipos de TIC para aceder à informação agrícola e melhorar as suas actividades agrícolas, mas ainda não há provas claras sobre como as TIC foram utilizadas por comunidades urbanas específicas (por exemplo, os criadores de gado urbanos) para aceder à informação.

Esta lacuna na literatura exige um estudo que investigue até que ponto comunidades específicas na Tanzânia beneficiam das TIC, especialmente nas zonas urbanas, onde a infraestrutura das TIC está relativamente bem desenvolvida em comparação com as zonas rurais. Este estudo centra-se nos criadores de gado urbanos da Tanzânia para determinar de que forma as TIC podem ser utilizadas para aceder a informações sobre o gado e, assim, melhorar as práticas de criação de gado nas zonas urbanas.

CAPÍTULO 3

METODOLOGIA DE INVESTIGAÇÃO

3.1 Introdução

Este capítulo apresenta uma descrição pormenorizada das áreas de estudo onde a investigação foi efectuada (distritos urbanos de Kinondoni e Morogoro). A conceção da investigação descreve a abordagem de método misto que foi utilizada na recolha de dados, através da qual foram utilizados diferentes métodos, incluindo questionários, entrevistas e observações. A utilização de diferentes métodos de recolha de dados foi feita para efeitos de triangulação, a fim de aumentar a fiabilidade e a validade dos resultados. Também descreve a população do estudo, a dimensão da amostra e as técnicas de amostragem que foram utilizadas para selecionar a dimensão da amostra. O capítulo aborda igualmente os instrumentos utilizados na recolha de dados, nomeadamente o calendário do questionário, o guia de entrevistas e a lista de verificação da observação. Explica ainda os pontos fortes e fracos da utilização de alguns dos instrumentos. O capítulo também explica como foram analisados os dados qualitativos e quantitativos e os métodos utilizados para garantir o controlo da qualidade dos dados e, por fim, descreve as limitações do estudo.

3.2 Descrição da zona de estudo

O estudo limitou-se às zonas urbanas das regiões de Morogoro e Dar es Salaam. A região de Morogoro situa-se na parte oriental da Tanzânia continental. A região situa-se entre as latitudes 5°58' e 10°00' a sul do Equador e entre as longitudes 35°25' e 38°30' a leste de Greenwich. Está dividida em seis (6) distritos, nomeadamente os distritos de Kilosa, Kilombero, Ulanga, Mvomero, Morogoro Urbano e Morogoro Rural (URT, 2008). Dar es Salaam é a cidade comercial da Tanzânia. A cidade está situada entre as latitudes 6°36' e 7°0' a sul do Equador e as longitudes 39°0' e 33°33' a leste de Greenwich. É delimitada pelo Oceano Índico a leste e pela região costeira nos outros lados. Administrativamente, Dar es Salaam está dividida em 3 distritos: Ilala, Kinondoni, e Temeke, (URT, 2004a).

O estudo foi efectuado nas zonas urbanas e periurbanas dos distritos urbanos de

Morogoro e Kinondoni. Estes dois distritos foram seleccionados propositadamente. Kinondoni foi selecionado devido à infraestrutura de TIC relativamente bem desenvolvida e aos muitos criadores de gado (3.292) em comparação com Ilala (2.156) e Temeke (2.428), (URT, 2004b; URT, 2004c; URT, 2004d). O distrito urbano de Morogoro foi selecionado por ser mais urbanizado e, portanto, mais desenvolvido em termos de infra-estruturas de TIC em comparação com outros distritos da região de Morogoro. Além disso, foi selecionado devido à sua proximidade de Dar es Salaam, em resultado da limitação de tempo e de fundos, pelo que a seleção de Morogoro urbano ajudaria o investigador a utilizar eficazmente os recursos mínimos. No distrito urbano de Morogoro, o estudo foi realizado em 10 bairros, enquanto no distrito de Kinondoni o estudo foi realizado em 14 bairros. Os bairros incluídos no estudo estão sombreados como indicado nas Figuras 3 e 4 abaixo.

Figura 3: Um mapa indicando as áreas de estudo no distrito urbano de Morogoro

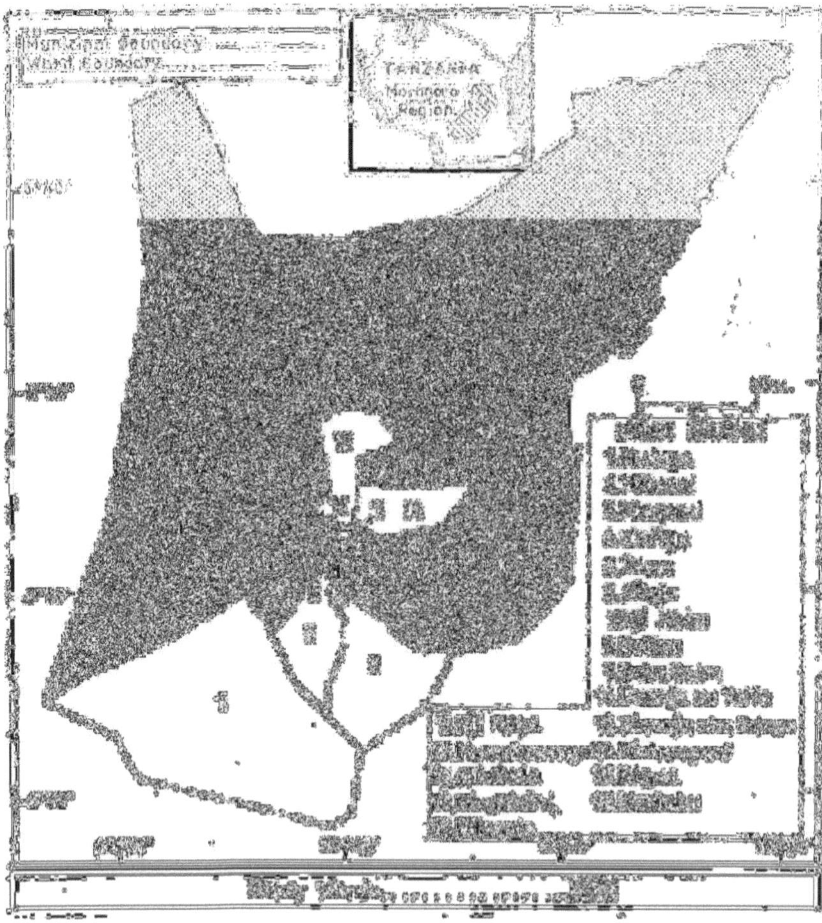

Fonte: Departamento de Geografia - Universidade de Dar es Salaam (2013)

Figura 4: Um mapa indicando as áreas de estudo no distrito de Kinondoni

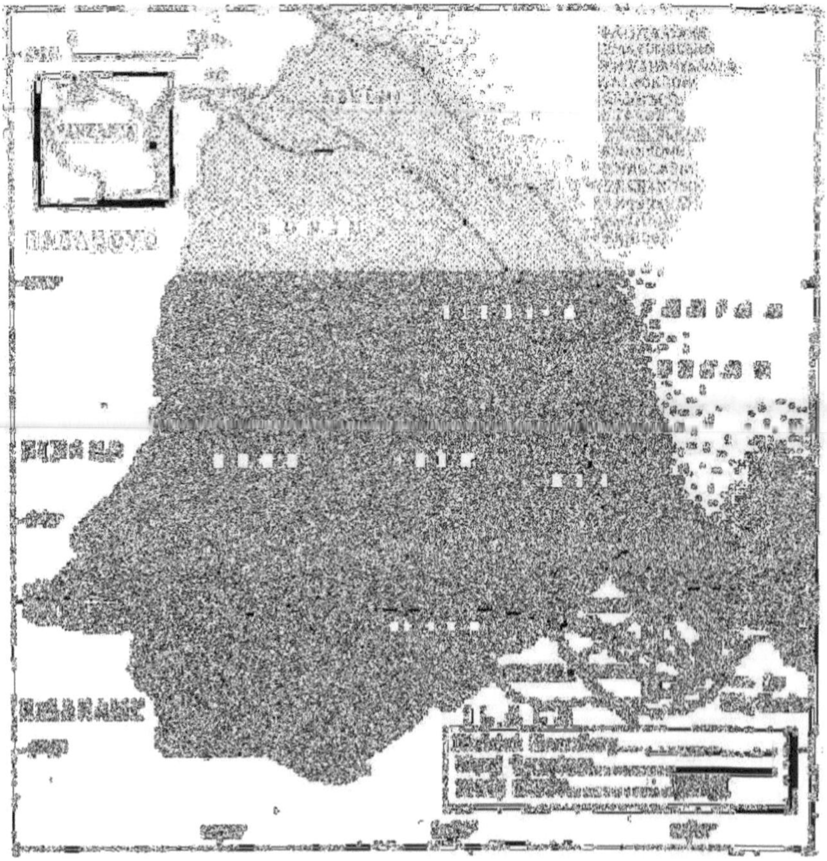

Fonte: Departamento de Geografia - Universidade de Dar es Salaam (2013)

3.3 Conceção da investigação

A conceção da investigação é definida como o plano geral para a recolha, medição e análise de dados com o objetivo central de resolver um determinado problema de investigação (Tripath, 1999). De acordo com Creswell (2003), a conceção da investigação está associada à identificação da abordagem e à determinação dos procedimentos ou estratégias gerais de investigação, recolha de dados, análise e apresentação. Para atingir os objectivos do estudo, foi adoptada uma conceção de investigação de método misto, em que foi utilizada uma combinação de métodos de investigação quantitativos e qualitativos. De acordo com Ghauri e Gronhaug (2005), a principal diferença entre a investigação qualitativa e a quantitativa não é de qualidade, mas de procedimento. Na investigação qualitativa, os resultados não são obtidos através de métodos estatísticos ou outros procedimentos de quantificação. Normalmente, a distinção básica entre a investigação quantitativa e qualitativa é que os investigadores quantitativos recorrem à medição e os investigadores qualitativos não (Layder, 1993; Bryman e Bell, 2003). Neste estudo, os dados quantitativos foram recolhidos através de questionários, a fim de quantificar os resultados em termos de frequências e percentagens. Os dados qualitativos, por outro lado, foram recolhidos através de entrevistas e observações, a fim de confirmar as conclusões obtidas a partir dos dados quantitativos. A justificação para a utilização de uma abordagem de método misto (também designada por multimétodo, convergência ou método integrado) baseia-se na sua grande vantagem de neutralizar ou anular os preconceitos de um único método (Creswell, 2003; Glazier e Powel, 1992).

A primeira fase do estudo consistiu na aplicação de questionários aos criadores de gado. Seguiu-se a realização de entrevistas com os extensionistas para confirmar as respostas dadas nos questionários. Também foram feitas observações no processo de administração dos questionários e das entrevistas para identificar as TICs existentes nos agregados familiares ou áreas seleccionadas. Durante o inquérito, foi feita uma avaliação dos tipos de TICs utilizadas e foi revelado o estado atual da utilização das TICs no acesso à informação sobre o gado. Os dados foram depois organizados, limpos, codificados e analisados e os resultados foram descritos.

3.4 População do estudo

A população pode ser definida como qualquer conjunto de pessoas ou objectos que possuam pelo menos uma caraterística comum. Pode ser grande ou pequena, dependendo do tamanho do grupo de pessoas ou objectos a partir dos quais o investigador pretende fazer inferências (Busha e Harter (1980). A população deste estudo era constituída pelos criadores de gado urbanos e peri-urbanos e pelos extensionistas, sendo a unidade de estudo o membro individual do agregado familiar que se dedicava à criação de gado. Devido à indisponibilidade de estatísticas actuais da população de todos os criadores de gado presentes em cada bairro das áreas de estudo, o investigador foi forçado a selecionar os criadores de gado que foram sugeridos pelos extensionistas.

3.5 Técnicas de amostragem

A amostragem é o processo de retirar uma amostra de uma população mais vasta (Krishnaswami, 1993). Para selecionar a amostra, foi utilizada uma combinação de duas técnicas de amostragem não probabilísticas: a amostragem intencional e a amostragem em bola de neve. A amostragem intencional foi utilizada para selecionar as alas que foram incluídas neste estudo. O investigador seleccionou as freguesias em função da disponibilidade de criadores de gado nessas áreas. Foram seleccionados 14 de 27 (51,8%) bairros no distrito de Kinondoni e 10 de 19 (52,6%) no distrito urbano de Morogoro. A principal razão para esta decisão foi a de selecionar pelo menos metade do número de bairros (50%) de cada distrito para garantir que os resultados fossem representativos dos distritos em estudo. O investigador também considerou a possibilidade de selecionar bairros com muitos criadores de gado (embora a maioria desses bairros se situasse nas zonas periurbanas). As áreas seleccionadas para este estudo estão indicadas no Quadro 1.

Tabela 1: Nomes dos Distritos e correspondentes divisões e alas

DISTRITO	DIVISÃO	GUERRAS SELECCIONADAS
KINONDONI	Magomeni	1. Ubungo
	Kibamba	2. Mbezi 3. Kimara 4. Kibamba
	Kawe	5. Msasani 6. Mikocheni 7. Kunduchi 8. Mbweni 9. Bunju 10. Kawe
	Kinondoni	11. Magomeni 12. Kinondoni 13. Kijitonyama 14. Mwananyamala
MOROGORO URBAN	Morogoro Urbano	1. Bigwa 2. Boma 3. Kihonda 4. Kilakala 5. Kingolwira

		6. Mafiga 7. Mazimbu 8. Mji Mkuu 9. Kiwanja cha ndege 10. Sabasaba

Fonte: Dados de campo, (2011)

O método intencional (julgamento) da técnica de amostragem não probabilística é frequentemente utilizado quando o investigador pretende selecionar casos que são particularmente informativos (Newman, 2000). Este método foi utilizado porque permitiu ao investigador selecionar os casos que melhor respondiam às questões de investigação de modo a atingir os objectivos da investigação. Os extensionistas ajudaram o investigador a identificar os inquiridos que eram mais informativos. Outra razão pela qual o investigador optou por usar a técnica de amostragem intencional foi porque a amostragem intencional permitiu ao investigador selecionar os criadores de gado que tinham pelo menos uma das TIC nos seus agregados familiares. Os criadores de gado que não possuíam nenhuma das TIC não foram incluídos neste estudo porque o principal objetivo do estudo era examinar o grau de utilização das TIC e os desafios que se colocam à utilização das TIC no acesso à informação sobre a criação de gado.

Para além da técnica de amostragem intencional, foi também utilizada a técnica de amostragem em bola de neve para selecionar os inquiridos que foram utilizados no estudo. De acordo com Saunders *et al.* (2007), trata-se de um método de amostragem não probabilística normalmente utilizado quando é difícil identificar os membros da população pretendida. A amostragem em bola de neve exige que se entre em contacto com um ou dois casos para identificar outros casos. Pede-se aos novos casos que identifiquem outros novos casos (e assim sucessivamente) até se obter a dimensão da amostra necessária. Neste caso, foi selecionado um extensionista de cada um dos bairros seleccionados. Os extensionistas dirigiram o investigador aos primeiros criadores de gado que, por sua vez, levaram o investigador a identificar o resto dos criadores de gado. O investigador foi forçado a utilizar este método devido à indisponibilidade da lista de todos os criadores de gado nas áreas de estudo.

3.6 Tamanho da amostra

Neste estudo, foi selecionada uma amostra de 272 inquiridos dos 300 inquiridos visados. A dimensão da amostra foi determinada com base nos requisitos estatísticos sugeridos por Tabachnick e Fidell (2007) e Kothari (1985). Tabachnick e Fidell (2007) sugerem ainda que uma dimensão de amostra de $N > 50 + 8\ m$ para a análise de dados multivariados (em que N é a dimensão da amostra e m é o número de variáveis independentes) e $N > 104 + m$ para testar preditores individuais. Este estudo tinha um total de 10 variáveis independentes, incluindo: idade, sexo, educação, profissão, experiência, necessidades de informação, eficácia das fontes de informação, percepções da utilização das TIC, lacunas na utilização das TIC e estratégias de melhoria (ou seja, cada objetivo específico representa uma variável independente para além das características dos inquiridos). Por conseguinte, a dimensão mínima da amostra seria de 114 (obtida a partir da fórmula; $N > 104 + m$, em que $N = 300$ e $m = 10$). Foi também selecionada uma dimensão de amostra de 300 porque outros investigadores das ciências sociais utilizaram uma dimensão de amostra mais ou menos semelhante devido a restrições de tempo e financeiras, por exemplo, 300 inquiridos por Nkebukwa (2007), 310 por Mbeiyererwa (2009) e 360 por Sawio (1993). Saunders et al (2007) afirma que, uma vez que uma taxa de resposta de 100% é improvável, o tamanho da amostra precisa de ser maior para garantir respostas suficientes. Assim, uma amostra de 300 inquiridos foi considerada suficiente para este estudo.

De acordo com Singleton e Straits (2005), são vários os factores que determinam a dimensão da amostra, alguns dos quais são a heterogeneidade da população e os recursos disponíveis; quanto mais distintas forem as subcategorias, maior deve ser a amostra. Kumar (2005) também sublinha que quanto maior for a heterogeneidade ou a diversidade no estudo, maior será o número de inquiridos a contactar para atingir o ponto de saturação, e quanto maior for a dimensão da amostra, mais precisas serão as estimativas. Por conseguinte, foi selecionada uma amostra grande de 300 inquiridos para satisfazer os requisitos estatísticos e abordar a heterogeneidade da população.

Um total de 254 criadores de gado preencheram os questionários e 18 extensionistas foram entrevistados. A taxa de resposta é definida por Mugenda e

Mugenda (2003) como a percentagem de sujeitos que respondem aos questionários. Uma taxa de resposta de 50% é adequada para análise e elaboração de relatórios, uma taxa de resposta de 60% é boa e uma taxa de resposta de 70% ou mais é muito boa. Mangione (1995) classifica as respostas da seguinte forma: mais de 85% - excelente, 70-85% - muito bom, 60 - 70% - aceitável, 50 - 60% - pouco aceitável e abaixo de 50% - não aceitável. Neste estudo, foi obtida uma taxa de resposta de 93,4% para os questionários.

Foi selecionado um total de 161 inquiridos do distrito de Kinondoni e 111 inquiridos do distrito urbano de Morogoro. A seleção destes inquiridos dependeu da sua disponibilidade em cada distrito. A variação no número de inquiridos em cada bairro (como se mostra no Quadro 2) não se destinava à comparação entre os bairros. A Tabela 2 apresenta o número de inquiridos que participaram no estudo em cada uma das zonas seleccionadas.

Quadro 2: Número de inquiridos em bairros seleccionados

Distrito	Ala		N.º de inquiridos
Morogoro urbano	1.	Mazimbu	16
	2.	Kihonda	11
	3.	Kiwanja cha ndege	04
	4.	Sabasaba	04
	5.	Mafiga	08
	6.	Bigwa	12
	7.	Kilakala	16
	8.	Mji mkuu	11
	9.	Boma	13
	10.	Kingolwira	16
Kinondoni	1.	Ubungo	06
	2.	Mbezi	16
	3.	Kimara	18
	4.	Msasani	10
	5.	Mikocheni	05
	6.	kunduchi	17
	7.	Mbweni	15
	8.	Magomeni	08
	9.	Kawe	17
	10.	Bunju	16
	11.	Kibamba	18
	12.	Kijitonyama	05
	13.	Kinondoni	05
	14.	Mwananyamala	05

TOTAL GERAL	272

Fonte: Dados de campo, (2011)

3.7 Métodos de recolha de dados e instrumentos de investigação

O inquérito é o método utilizado para a recolha de dados neste estudo. O inquérito é definido por Singleton *et al.* (1993) como a utilização de questionários e entrevistas para obter dados de um grande número de inquiridos escolhidos por alguma forma de amostragem. Os dados primários e secundários foram recolhidos através de vários métodos de recolha de dados. Os dados primários foram recolhidos através de questionários, observações e entrevistas aprofundadas, enquanto os dados secundários foram recolhidos de várias fontes, incluindo: sítios Web governamentais, inquéritos governamentais (por exemplo, censos populacionais), meios de comunicação social (por exemplo, televisão e rádio), várias publicações (por exemplo, livros, revistas e CD-ROMS) e a Internet. A participação de ambos os sexos durante a recolha de dados primários foi tida em consideração pelo investigador para evitar preconceitos de género. A fim de aumentar a fiabilidade dos dados, foi utilizada uma combinação de vários instrumentos de recolha de dados, incluindo questionários, guias de entrevista e listas de verificação de observação. Estes métodos são descritos em pormenor mais adiante.

3.7.1 Questionários

Um questionário é um termo geral que inclui todas as técnicas de recolha de dados em que se pede a cada pessoa que responda ao mesmo conjunto de perguntas numa ordem pré-determinada (deVaus, 2002). A conceção do questionário difere de acordo com a forma como é administrado e, em particular, com a quantidade de contacto que se tem com o inquirido. Saunders *et al.* (2007) agrupa os questionários em dois tipos diferentes. O primeiro grupo é o dos questionários auto-administrados que são normalmente preenchidos pelos inquiridos e podem ser administrados eletronicamente (questionário mediado pela Internet), ou enviados aos inquiridos que os devolvem por correio após o preenchimento (questionário postal/correio) ou entregues em mão a cada inquirido e recolhidos mais tarde (questionário de entrega e recolha). Outro grupo de questionários é o dos questionários administrados pelo entrevistador. Estes são registados pelo entrevistador com base nas respostas de cada inquirido. Podcm scr administrados por telefone (questionários telefónicos) ou o entrevistador pode encontrar-se fisicamente com os inquiridos e fazer as perguntas cara a cara (entrevistas estruturadas).

Neste estudo, o investigador utilizou entrevistas estruturadas como um dos métodos de recolha de dados, em que foram administrados aos inquiridos questionários estruturados com perguntas abertas. De acordo com Krishnaswami (1993), as entrevistas estruturadas são feitas com um calendário padronizado detalhado, em que as mesmas perguntas são feitas a todos os inquiridos pela mesma ordem e cada pergunta é feita da mesma forma em cada entrevista, promovendo o nível de fiabilidade dos resultados. As vantagens da utilização da entrevista estruturada são as seguintes: os dados de uma entrevista para a seguinte são facilmente comparáveis, o registo e a codificação dos dados não colocam quaisquer problemas, obtém-se uma maior precisão e a atenção não é desviada para conversas estranhas, irrelevantes e demoradas.

No entanto, as entrevistas estruturadas têm algumas limitações e uma delas é que a estrutura da entrevista pode levar a que os pontos de vista do inquirido sejam minimizados e a que os preconceitos do investigador relativamente ao problema sejam inadvertidamente introduzidos. Outra limitação é o facto de o âmbito da exploração ser limitado. Apesar destas limitações, o investigador realizou os questionários em combinação com outros métodos (triangulação metodológica) para ultrapassar as fraquezas da utilização de um único método. O objetivo da utilização de questionários era recolher provas sobre a utilização das TIC e os padrões dos diferentes métodos utilizados pelos criadores de gado urbanos para obter a informação necessária. Os tipos de questionários utilizados são indicados nos apêndices 1 e 2.

3.7.2 Entrevistas

Uma entrevista é uma discussão intencional entre duas ou mais pessoas (Kahn e Cannell, 1957). Uma entrevista também pode ser definida como uma conversa sistemática de duas vias entre um investigador e um informador, iniciada para obter informações relevantes para um estudo específico (Krishnaswami, 1993). As entrevistas podem ser altamente formalizadas e estruturadas, utilizando perguntas padronizadas para cada inquirido (entrevistas estruturadas) (Saunders *et al.* 2007), ou podem ser semiestruturadas, em que são feitas algumas perguntas estruturadas juntamente com outras abertas, ou podem ser conversas informais e não estruturadas (entrevistas não estruturadas ou em profundidade), em que o entrevistador segue um plano geral ou um guião de entrevista. Neste tipo de entrevista, o entrevistador faz perguntas ou comentários destinados a levar o inquirido a fornecer dados para atingir os objectivos do estudo.

Neste estudo, um guião de entrevista foi o instrumento utilizado para realizar entrevistas em profundidade face a face. Mugenda e Mugenda (2003) explicaram muitas vantagens e desvantagens da utilização de entrevistas. Algumas das vantagens das entrevistas são as seguintes: fornecem dados aprofundados que não são possíveis de obter através de um questionário; permitem obter dados para atingir objectivos específicos; evitam perguntas confusas, uma vez que o entrevistador pode esclarecer a pergunta, conduzindo a respostas relevantes; produzem taxas de resposta elevadas, porque é difícil que o sujeito se recuse completamente a responder às perguntas e, ao contrário dos questionários, o entrevistador pode obter mais informações através de perguntas de sondagem. Por outro lado, as desvantagens são as seguintes: as entrevistas são mais dispendiosas, porque o entrevistador tem de se deslocar para acompanhar os inquiridos; as entrevistas requerem um elevado nível de competências que o investigador principiante ainda não adquiriu; as entrevistas são demoradas, pelo que envolvem amostras pequenas; as respostas podem ser influenciadas pela reação do inquirido à aparência do entrevistador.

Apesar das desvantagens das entrevistas, o investigador decidiu realizar entrevistas não estruturadas em profundidade para obter informações mais detalhadas de modo a atingir os objectivos do estudo. Para ultrapassar as limitações, o investigador conduziu a entrevista a apenas 18 extensionistas do governo devido ao facto de as entrevistas serem caras e demoradas, e também devido ao número limitado de extensionistas (um extensionista em cada distrito) que estavam envolvidos no estudo. Para lidar com estas limitações, o investigador decidiu também conduzir as entrevistas por si próprio de modo a obter a informação necessária para cada pergunta. O investigador também se vestiu de forma apelativa para evitar reacções desnecessárias por parte dos inquiridos que poderiam influenciar as respostas.

Os extensionistas foram os únicos informadores chave neste estudo e foram entrevistados com o objetivo de confirmar as respostas dadas pelos criadores de gado relativamente às suas necessidades de informação, fontes de informação e uso das TICs na comunicação com os extensionistas. As perguntas para as entrevistas foram feitas apenas pelo investigador com o objetivo de prestar esclarecimentos no caso de perguntas difíceis. Os extensionistas foram questionados, entre outras coisas, sobre a informação que divulgavam aos seus criadores de gado, as fontes de informação que utilizavam, as TICs que utilizavam, as suas opiniões para melhorar a utilização das TICs e os desafios que enfrentavam na utilização das TICs para aceder e divulgar a informação sobre o gado.

Nove extensionistas vieram de Kinondoni e 9 do distrito urbano de Morogoro. Apenas 18 extensionistas foram entrevistados devido ao facto de que alguns bairros não tinham extensionistas (especialmente os bairros localizados nas zonas urbanas centrais) por causa do número reduzido de cabeças de gado nessas zonas. As entrevistas tinham como objetivo captar qualquer informação adicional e preencher as lacunas deixadas pelos questionários. As entrevistas tentaram identificar as TICs utilizadas pelos extensionistas e os factores susceptíveis de afetar a utilização das TICs na disseminação da informação sobre o gado. Os guiões de entrevista utilizados neste estudo estão indicados nos Apêndices 3 e 4.

3.7.3 Observações dos participantes

A observação participante é um método de registo de condições, acontecimentos e actividades através do olhar e não da pergunta. A observação também pode ser utilizada para registar visualmente a natureza das condições de objectos ou acontecimentos, por exemplo, através de fotografias, filmes ou esboços (Walliman, 2006). Gill e Johnson (2002) desenvolveram uma categorização quádrupla dos papéis que um observador participante pode adotar. O primeiro papel de um observador participante pode ser o de um participante completo, em que o investigador se torna um membro do grupo em que a investigação é efectuada e a sua verdadeira identidade não é revelada ao grupo. O observador participante pode também tornar-se um observador completo, em que o observador não toma parte nas actividades do grupo e não revela a sua identidade. Outro papel do observador participante pode ser o de observador-participante, em que a verdadeira identidade do observador é revelada e o observador faz algum grau de observação, mas com muito pouca participação. O participante também pode ser um participante-como-observador e envolver-se plenamente na vida e nas actividades do grupo, revelando a sua identidade (Saunders *et al.*, 2009).

Neste estudo, o investigador assumiu o papel de observador-participante. A verdadeira identidade do investigador era conhecida por todos os inquiridos e, por vezes, o investigador (sendo um Veterinário) participou no aconselhamento dos criadores de gado sobre alguns dos seus problemas e até visitou os seus animais e aconselhou-os em conformidade. Uma lista de verificação das observações foi o instrumento utilizado pelo investigador para realizar as observações e confirmar as respostas dadas pelos inquiridos através dos questionários e das entrevistas. A lista de verificação de observação continha os seguintes elementos a observar: a presença de telemóveis, televisão e rádio nos agregados familiares seleccionados e a presença de cibercafés nas áreas seleccionadas. A lista de controlo de observação utilizada neste estudo está indicada no Anexo 5.

3.8 Análise de dados

Os dados recolhidos foram sistematicamente organizados, codificados, registados e analisados. O Statistical Package for Social Sciences (SPSS) foi utilizado para analisar os dados quantitativos, enquanto a análise de conteúdo foi utilizada para analisar os dados qualitativos. Na análise dos dados quantitativos, foram efectuadas análises univariadas e bivariadas. A análise univariada é definida como uma análise estatística em que uma única variável é analisada de cada vez e várias variáveis são geradas ao mesmo tempo (Bryman, 2004). A análise univariada fornece estatísticas descritivas em termos de tabelas de frequência, diagramas, medidas de tendência central (por exemplo, média, mediana e moda) e medidas de dispersão (por exemplo, intervalo, desvio padrão, valores mínimos e máximos) de várias variáveis. Neste estudo, exemplos de variáveis que foram analisadas utilizando a análise univariada incluem: idade, sexo, educação, experiência, ocupação, necessidades de informação, fontes de informação, utilização das TIC, razões para não utilizar as TIC, desafios da utilização das TIC e recomendações para melhorar a utilização das TIC. Cada uma destas variáveis foi analisada de cada vez para determinar a frequência das ocorrências e os resultados são apresentados em termos de tabelas de frequência.

A análise bivariada é o exame da relação entre duas variáveis, a fim de determinar se e como estão relacionadas. Para mostrar a relação entre diferentes variáveis neste estudo, são utilizadas tabelas de contingência. Estas permitem que duas variáveis sejam analisadas simultaneamente para que as relações entre as duas variáveis possam ser examinadas. As tabelas de contingência são geradas de modo a que os padrões de associação possam ser percebidos independentemente do facto de as associações serem significativas ou não (Bryman e Cramer, 1992). Neste estudo, foi efectuada uma análise bivariada de algumas das variáveis para determinar a sua relação. Exemplos de tais variáveis incluem: utilização das TIC em relação à idade, sexo, educação, experiência e ocupação, utilização de diferentes TIC em relação à utilidade das respectivas TIC, utilização de diferentes TIC em relação às percepções sobre as TIC, etc. Os resultados destas análises bivariadas foram apresentados sob a forma de tabelas de contingência.

Na análise dos dados qualitativos, foi utilizada a análise de conteúdo, na qual os dados recolhidos em entrevistas aprofundadas e observações através da tomada de notas foram estudados cuidadosamente e interpretados de modo a estabelecer padrões, tendências e relações significativas a partir da informação recolhida. Mayring (2000) define a análise de conteúdo como uma abordagem de análise empírica, metodológica e controlada de textos no seu contexto de comunicação, seguindo regras analíticas de conteúdo e modelos passo a passo, sem quantificação precipitada, enquanto Hsieh & Shannon (2005) a definem como um método de investigação para a interpretação subjectiva do conteúdo de dados de texto através do processo de classificação sistemática de codificação e identificação de temas ou padrões. De acordo com Mayring (2000), o objeto da análise de conteúdo (qualitativa) pode ser todo o tipo de comunicação registada (transcrições de entrevistas, protocolos de observações, documentos, etc.). A análise de conteúdo insere o texto num modelo de comunicação no âmbito do qual define os objectivos da análise. Neste caso, as informações recolhidas qualitativamente foram estudadas e organizadas em padrões de comunicação significativos, que foram interpretados como conclusões-chave do estudo.

Não foram efectuados testes de significância estatística (análise inferencial) neste estudo porque estes testes são utilizados para estabelecer o grau de confiança que o investigador pode ter de que os resultados derivados de um estudo baseado numa amostra selecionada aleatoriamente são generalizados à população (Bryman, 2004). Neste caso, as amostras foram seleccionadas através de uma amostragem não probabilística, razão pela qual não foram efectuados testes de significância. A estatística inferencial também é utilizada para testar hipóteses, o que não foi o caso neste estudo. A análise de dados quantitativos pretendia mostrar a frequência de utilização de várias TIC e a sua relação com o nível de educação, o estatuto económico e a experiência dos criadores de gado, enquanto a análise de dados qualitativos revelou as TIC conhecidas, quais as que estavam a ser utilizadas e para que fins e as razões pelas quais as TIC não estavam a ser utilizadas.

3.9 Controlo da qualidade dos dados

Para garantir que os dados recolhidos no estudo eram válidos e fiáveis, foram utilizados vários métodos que são descritos em pormenor a seguir.

3.9.1 Pré-teste dos instrumentos de investigação (estudo-piloto)

O processo de experimentar o questionário finalizado no terreno é descrito como pré-teste do questionário. O questionário deve ser pré-testado numa amostra selecionada (entre 1% e 10% do tamanho da amostra) que seja semelhante à amostra real que o investigador planeia utilizar no estudo e os procedimentos utilizados no pré-teste do questionário devem ser idênticos aos que serão utilizados durante a recolha de dados real (Mugenda e Mugenda, 2003). Neste estudo, o investigador efectuou um pré-teste dos instrumentos de investigação, a fim de garantir que não havia interpretações erradas das perguntas. O estudo-piloto foi efectuado com 10 criadores de gado (3,7% do tamanho da amostra) do distrito urbano de Morogoro (Bairro Kihonda), após o que as perguntas foram reformuladas e corrigidas quando necessário. Isto assegurou que os dados obtidos eram de qualidade e não continham erros.

3.9.2 Triangulação

A triangulação é outra técnica que foi utilizada neste estudo para garantir a recolha de dados de qualidade. A triangulação é o processo pelo qual se utiliza mais do que um método de recolha de dados para recolher os dados (Baker, 1999). Bryman (2004) também define a triangulação como a utilização de mais do que um método ou fonte de dados no estudo de um fenómeno social, de modo a que as conclusões possam ser cruzadas. Neste estudo, foi utilizada uma combinação de questionários, entrevistas e observações como diferentes métodos de recolha de dados para garantir a validade e a fiabilidade dos resultados.

3.9.3 Considerações éticas e confidencialidade

Foi assegurada aos inquiridos a confidencialidade das respostas que dariam, para que fossem mais cooperantes e sinceros nas suas respostas. Foi-lhes assegurado que a informação que dariam seria estritamente para fins académicos e que não seria utilizada por quaisquer razões não éticas. Outra questão ética foi a garantia de que a personalidade dos inquiridos não seria explorada e também a atribuição, o respeito e a utilização justa dos resultados da investigação foram tidos em consideração.

3.10 Limitações da investigação

A primeira limitação deste estudo foi o tempo e os fundos afectados. Esta investigação devia ser realizada em apenas três anos (incluindo a preparação da proposta, a revisão da literatura, a recolha de dados, a análise e a redação da tese); os fundos também foram atribuídos para apenas três anos. Devido a esta limitação, a investigação foi realizada apenas em dois distritos, nomeadamente Kinondoni e o distrito urbano de Morogoro, para permitir que o investigador concluísse o estudo a tempo, utilizando os fundos limitados atribuídos.

A segunda limitação do estudo foi a indisponibilidade de uma lista actualizada dos criadores de gado nas áreas de estudo. Esta limitação ditou o uso de técnicas de amostragem não-probabilísticas na seleção dos inquiridos a serem incluídos no estudo. Os inquiridos tiveram de ser seleccionados com base na sua disponibilidade nas áreas de estudo. O investigador também teve de selecionar os inquiridos com base na sua posse de TIC para cumprir os objectivos do estudo;

assim, os inquiridos que não possuíam quaisquer TIC não foram incluídos no estudo.

A terceira limitação foi a indisponibilidade dos criadores de gado nas suas casas, na altura da aplicação dos questionários. Isto deveu-se ao facto de a maioria dos criadores de gado urbanos estarem empregados ou envolvidos noutras actividades económicas, para além da criação de gado. Esta limitação afectou o tamanho da amostra porque, em vez dos 300 inquiridos pretendidos, apenas 272 inquiridos puderam participar no estudo. Esta limitação também obrigou o investigador a utilizar um período de tempo mais longo (7 meses) do que o pretendido (6 meses) para procurar mais inquiridos, a fim de aumentar a taxa de resposta. Apesar das limitações do estudo, os objectivos da investigação foram cumpridos com êxito.

3.11 Resumo

Este capítulo apresenta uma descrição pormenorizada da metodologia utilizada para realizar esta investigação. O capítulo descreveu a área de investigação, seguida da conceção, que é uma descrição explícita da abordagem desta investigação. A conceção da investigação explicou a abordagem de método misto que foi utilizada nesta investigação, em que os métodos de investigação quantitativos e qualitativos foram claramente elaborados. O capítulo fornece uma explicação pormenorizada sobre a população do estudo, a dimensão da amostra e as técnicas de amostragem, as razões pelas quais e como a dimensão da amostra foi determinada e porque foram utilizados os procedimentos de amostragem. O capítulo foi mais longe, fornecendo explicações vívidas sobre os métodos de recolha de dados, a razão pela qual estes métodos foram preferidos em relação aos outros, as deficiências de cada um dos métodos e os instrumentos que foram utilizados na recolha de dados. Descreveu também os meios de controlo de qualidade utilizados para garantir a validade e a fiabilidade dos resultados.

CAPÍTULO 4

RESULTADOS E DISCUSSÃO

4.1 Introdução

Este capítulo aborda as conclusões do estudo obtidas a partir da análise dos dados. O capítulo foi organizado em duas partes principais. A primeira parte aborda a informação demográfica (pessoal) dos inquiridos, por exemplo, idade, sexo, profissão e nível de escolaridade, e a forma como estes estão relacionados com a utilização das TIC. A segunda parte do capítulo discute cronologicamente os objectivos específicos. Em primeiro lugar, são discutidas as diferentes necessidades de informação dos criadores de gado em relação à prática da criação de gado urbana. Depois, são discutidas as fontes de informação utilizadas pelos criadores de gado urbanos e periurbanos e a eficácia das fontes, seguindo-se os diferentes tipos de TIC que são utilizados pelos criadores de gado urbanos e periurbanos e as percepções dos criadores de gado sobre a importância das TIC no acesso à informação sobre o gado. As lacunas em termos de utilização das TIC foram reveladas e a discussão concentra-se em sugerir formas de melhorar a utilização das TIC. Finalmente, são discutidos os desafios que dificultam a utilização das TIC entre os criadores de gado e as estratégias para os ultrapassar.

Ao discutir estes objectivos, a ênfase foi colocada nos resultados quantitativos dos questionários, uma vez que a maioria das respostas foi obtida através dos questionários e a discussão incide principalmente nos resultados dos dados quantitativos. Seguem-se os resultados qualitativos das entrevistas e das observações. Foram utilizadas tabelas de contingência para explicar as relações entre algumas das variáveis quantificáveis. Os dados qualitativos foram discutidos em simultâneo com os dados quantitativos e, finalmente, foi determinado o objetivo global do estudo.

4.2 Características dos inquiridos

Os inquiridos neste estudo tinham características diferentes, incluindo sexo, idade, nível de educação, profissão e experiência. Estas variáveis são importantes neste estudo porque têm influência na utilização das TIC. Algumas das variáveis, por exemplo, o nível de educação, a ocupação e a experiência, foram utilizadas no quadro concetual como factores situacionais que determinam as fontes de informação consultadas pelos criadores de gado. Através da utilização de tabelas de contingência, o investigador explicou como cada uma das variáveis influencia a utilização das TIC no acesso à informação sobre o gado, como se mostra na discussão que se segue.

4.2.1 Sexo dos inquiridos em relação à utilização das TIC

Dos 254 inquiridos que responderam aos questionários, 93 (36,6%) eram do sexo masculino, enquanto 161 inquiridos (63,4%) eram do sexo feminino. Estes resultados sugerem que a criação de gado nas zonas urbanas é praticada maioritariamente por mulheres. Esta conclusão é corroborada por um estudo semelhante efectuado em Kampala, segundo o qual as mulheres são as principais criadoras de gado na cidade (Ossiya *et al.,* 2002). Os resultados podem ter sido influenciados pelo facto de a maioria das mulheres estar presente nas suas casas na altura da recolha de dados, ao contrário dos homens que estavam fora de casa. Isto significa que a maioria das mulheres gere pequenos negócios em torno das suas casas ou não tem outra ocupação, em comparação com os homens, a maioria dos quais está empregada ou envolvida noutras actividades económicas, deixando as mulheres a cuidar do gado, daí a razão pela qual a maioria dos homens estava ausente das suas casas na altura da recolha de dados.

Estes resultados têm influência na utilização das TIC por género. Os resultados da Tabela 3 mostram que 85 de 93 (91,4%) dos homens utilizaram as TIC para aceder a informações sobre o gado, em oposição a 154 de 161 (95,7%) das mulheres que utilizaram as TIC. 8,6% dos homens e 4,3% das mulheres não utilizaram as TIC para aceder a informações sobre o gado. Estes resultados revelam que quase o mesmo número de homens utiliza as TIC que as mulheres para aceder a informações sobre o gado. As conclusões deste estudo são semelhantes às conclusões de outros estudos, por exemplo, Chabossou *et al.* (2008) e Gillwald *et al.* (2010), que mostram que não há diferenças de género na utilização das TIC entre homens e mulheres (exceto no caso da Internet, em que os homens são bons utilizadores em comparação com as mulheres).

Quadro 3: Relação entre a utilização das TIC e o sexo dos inquiridos

N= 254

Sexo do inquirido		Utilização das TIC		Total
		Sim	Não	
masculino	Contagem	85	8	93
	% dentro do sexo	(91.4%)	(8.6%)	(100.0%)
feminino	Contagem	154	7	161
	% dentro do sexo	(95.7%)	(4.3%)	(100.0%)
Total	Contagem	239 (94.1%)	15	254
	% dentro do sexo		(5.9%)	(100.0%

Fonte: Inquérito de campo, 2011

4.2.2 Grupos etários dos inquiridos em relação à utilização das TIC

Foram incluídos neste estudo inquiridos de vários grupos etários. A Figura 5 indica que apenas 34 dos 254 inquiridos (13,4%) tinham menos de 31 anos de idade. Alguns dos inquiridos desta faixa etária eram filhos ou trabalhadores dos criadores de gado e também estavam envolvidos na prática da criação de gado. Seguiu-se a faixa etária entre os 31 e os 40 anos, que era de apenas 59 dos 254 inquiridos (23,2%). Em comparação com os outros grupos etários, a maioria dos inquiridos (27,2%) situava-se no grupo etário dos 41-50 anos. 58 dos 254 inquiridos (22,8%) tinham idades compreendidas entre os 51 e os 60 anos e o grupo etário com mais de 60 anos era também o que tinha menos inquiridos (13,4%). A partir destes resultados, pode concluir-se que a criação de gado nas zonas urbanas é praticada por pessoas de todos os grupos etários, embora os muito jovens (menos de 31 anos) e os idosos (mais de 60 anos) estejam menos envolvidos do que os outros grupos etários. Esta conclusão é semelhante à de Henri-Ukoha *et al.* (2012), que confirma que a criação de gado é dominada por jovens (média de 48 anos) que são activos e estão dentro do grupo etário produtivo.

Figura 5: Grupos etários dos inquiridos

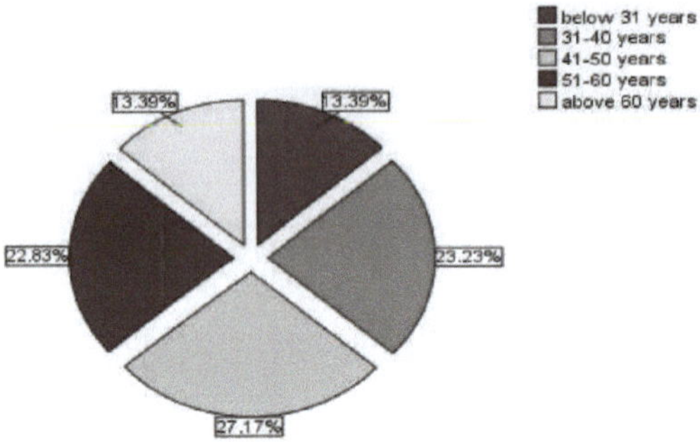

Fonte: Inquérito de campo, 2011

A relação entre os grupos etários dos inquiridos e a utilização das TIC foi então estabelecida com recurso a tabelas de contigência, tendo-se verificado que todos os grupos etários utilizaram as TIC para aceder a informações sobre o gado e que existiam ligeiras diferenças na utilização das TIC entre os diferentes grupos etários, como se mostra no Quadro 4. Estes resultados mostram que a maioria dos inquiridos que utilizaram as TIC para aceder a informações sobre o gado tinham idades compreendidas entre os 41 e os 50 anos (97,1%), seguidos de 94,9% dos inquiridos com idades compreendidas entre os 31 e os 40 anos e 93,1% dos inquiridos com idades compreendidas entre os 51 e os 60 anos. Os inquiridos nestes grupos etários pareciam estar interessados em obter informações sobre a criação de gado através de diferentes tipos de TIC, provavelmente porque a maioria dos inquiridos neste grupo etário tinha mais experiência na criação de gado e, por conseguinte, estava consciente da utilização de várias TIC para aceder a informações sobre o gado. A maioria dos inquiridos com ensino superior também se encontrava nestes grupos etários; esta pode ser outra razão pela qual estes inquiridos utilizaram mais as TIC do que os restantes grupos etários.

Quadro 4: Relação entre a utilização das TIC e os grupos etários dos inquiridos

N=254

Grupos etários dos inquiridos		Utilização das TIC		Total
		Sim	Não	
menos de 31 anos	Contagem	31	3	34

	% dentro dos grupos etários	(91.2%)	(8.8%)	(100.0%)
31-40 anos	Contagem	56	3	59
	% dentro dos grupos etários	(94.9%)	(5.1%)	(100.0%)
41-50 anos	Contagem	67	2	69
	% dentro dos grupos etários	(97.1%)	(2.9%)	(100.0%)
51-60 anos	Contagem	54	4	58
	% dentro dos grupos etários	(93.1%)	(6.9%)	(100.0%)
mais de 60 anos	Contagem	31	3	34
	% dentro dos grupos etários	(91.2%)	(8.8%)	(100.0%)
Total	Contagem	239	15	254
	% dentro dos grupos etários	(94.1%)	(5.9%)	(100.0%)

Fonte: Inquérito de campo, 2011

Os resultados indicam que a utilização das TIC pelos criadores de gado urbanos no acesso à informação sobre o gado é comperativamente mais baixa nos grupos etários mais jovens, aumenta nos grupos etários intermédios e diminui nos grupos etários mais velhos. A baixa utilização das TIC pelo grupo etário com menos de 31 anos pode dever-se ao facto de este grupo etário estar menos envolvido na criação de gado, daí a falta de interesse em utilizar as TIC para aceder à informação sobre o gado, ou provavelmente este grupo etário está menos consciente da importância de utilizar as TIC para aceder à informação sobre o gado. Os resultados também revelam que o grupo etário com mais de 60 anos utiliza menos as TIC no acesso à informação sobre o gado. Como se esperava, a utilização das TIC pelos grupos etários mais velhos é menor do que a utilização das TIC pelos grupos etários mais jovens; esta conclusão confirma as conclusões de Veenhof *et al.* (2005), que referiram que a adoção e utilização de novas tecnologias é geralmente elevada nos jovens em comparação com os idosos.

A partir dos resultados acima, revela-se que mais de 90% de todos os grupos etários nas zonas urbanas utilizam as TIC para aceder a informação sobre o gado. Esta constatação é provavelmente influenciada pelo facto de a infraestrutura das TIC nas zonas urbanas estar relativamente bem desenvolvida (como se afirma no enunciado do problema). Esta é uma indicação de que os criadores de gado urbanos têm um bom acesso às TIC e utilizam-nas para aceder a informações sobre o gado, independentemente dos seus grupos etários.

4.2.3 Nível de educação dos inquiridos em relação à utilização das TIC

Os resultados apresentados na Figura 6 revelam que, dos 254 inquiridos, muito poucos (3,9%) não tinham qualquer educação formal. Os restantes inquiridos tinham educação formal a diferentes níveis. A maioria dos inquiridos 137 (53,9%) tinha o ensino primário, seguido de 76 inquiridos que tinham o ensino secundário (29,9%). Alguns dos inquiridos (7,5%) tinham educação até ao nível universitário, alguns deles com certificado e outros com diploma. Muito poucos inquiridos (4,3%) tinham formação universitária, entre os quais alguns tinham bacharelato, mestrado e alguns tinham doutoramento. Apenas um dos inquiridos (0,4%) tinha formação de adultos.

Os resultados deste estudo significam que a maioria dos criadores de gado urbanos possui educação formal. Esta constatação é semelhante às conclusões de um estudo de Henri-Ukoha *et al.* (2012), que sugere que a criação de gado está nas mãos de pessoas esclarecidas; os indivíduos alfabetizados estão interessados em obter informações e utilizá-las. Ajala (1992) também afirmou que existe uma correlação positiva entre o nível de educação e a aceitação de ideias pelos agricultores. A partir dos resultados deste estudo, pode concluir-se que os criadores de gado urbanos precisam de alguma educação formal para poderem manter os seus animais de uma forma sustentável e profissional, respeitando as leis e os regulamentos da criação de gado urbano, de modo a maximizar o seu lucro.

Figura 6: Nível de educação dos inquiridos

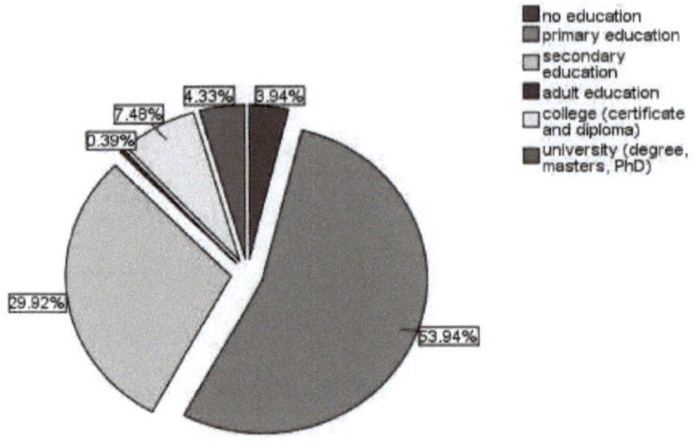

Fonte: Inquérito de campo, 2011

Ao descobrir a relação entre o nível de escolaridade dos inquiridos e a utilização das TIC no acesso à informação sobre o gado, verificou-se que todos os inquiridos (100%) que tinham mais do que o ensino secundário utilizaram diferentes TIC para aceder à informação sobre o gado. Seguiram-se os inquiridos com o ensino secundário (97,4%), depois os inquiridos com o ensino primário (92,0%) e os inquiridos que menos utilizaram as TIC foram os que não tinham qualquer instrução (80%). Estes resultados são apresentados no Quadro 5.

Quadro 5: Relação entre a utilização das TIC e o nível de educação dos inquiridos N=254

Categorias de ensino		Utilização das TIC		Total
		Sim	Não	
sem educação	Contagem	8	2	10
	% no sector da educação	(80.0%)	(20.0%)	(100.0%)
ensino primário	Contagem	126	11	137
	% no sector da educação	(92.0%)	(8.0%)	(100.0%)
ensino secundário	Contagem	74	2	76
	% no sector da educação	(97.4%)	(2.6%)	(100.0%)
educação de adultos	Contagem	1	0	1
	% no sector da educação	(100.0%)	(.0%)	(100.0%)
faculdade (certificado e diploma)	Contagem	19	0	19
	% no sector da educação	(100.0%)	(.0%)	(100.0%)
universidade (licenciatura, mestrado, doutoramento)	Contagem	11	0	11
	% no sector da educação	(100.0%)	(.0%)	(100.0%)
Total	Contagem	239	15	254
	% no sector da educação	(94.1%)	(5.9%)	(100.0%)

Fonte: Inquérito de campo, 2011

De acordo com estes resultados, a utilização das TIC aumenta com o aumento do nível de educação, indicando que existe uma relação diretamente proporcional; ou seja, quanto mais instruído é o criador de gado, mais utiliza as TIC para aceder à informação sobre o gado. Isto confirma o facto de que a adoção precoce de tecnologia depende do nível de educação, tal como se afirma num estudo de Olatokun (2009), em que se diz que os indivíduos instruídos estão mais conscientes e, por conseguinte, são mais utilizadores de novas tecnologias do que os indivíduos que adoptam e utilizam tardiamente devido a baixos níveis de literacia. De acordo com o quadro concetual deste estudo, o nível de educação é um dos factores situacionais que afectam as fontes/canais de informação utilizados pelos inquiridos. Estes resultados significam que os inquiridos com habilitações literárias têm conhecimento de diferentes tipos de TIC e utilizam uma variedade de TIC (incluindo a Internet) para aceder a informação sobre gado, ao contrário dos inquiridos com menos habilitações literárias ou sem qualquer habilitações literárias. A maioria destes (menos instruídos ou não instruídos) utiliza apenas um tipo de TIC (telemóvel) ou não utiliza nenhuma das TIC. Pode concluir-se que os criadores de gado com formação académica utilizam as TIC para aceder à informação sobre o gado mais do que os criadores de gado com menos formação ou sem formação académica.

4.2.4 Experiência dos inquiridos em relação à utilização das TIC

Este estudo foi efectuado entre criadores de gado urbanos com diferentes experiências na criação de gado. Os resultados da Figura 7 mostram que 112 dos 254 criadores de gado (44,1%) tinham uma experiência de mais de 10 anos. Seguiram-se 68 (26,8%) inquiridos que tinham uma experiência de 5 a 10 anos e 53 (20,9%) que tinham uma experiência de 2 a 5 anos. Alguns (21) inquiridos (8,3%) tinham uma experiência de um curto período de menos de dois anos. Estas constatações significam que a maior parte dos criadores de gado nas áreas urbanas são experientes, porque criaram gado durante longos períodos de tempo (até 20 anos). Um estudo semelhante efectuado por Henri-Ukoha *et al.* (2012) afirma que os agricultores têm uma experiência razoável na criação de gado. Como se afirma na informação de base desta tese, os criadores de gado urbanos mantêm diferentes tipos de gado como uma atividade adoptada principalmente para aumentar o seu rendimento e também para a segurança alimentar (especialmente para pequenos animais, por exemplo, cabras, ovelhas e galinhas). A partir destas constatações, pode concluir-se que o gado nas áreas urbanas é maioritariamente criado por criadores de gado experientes.

Figura 7: Experiência dos criadores de gado

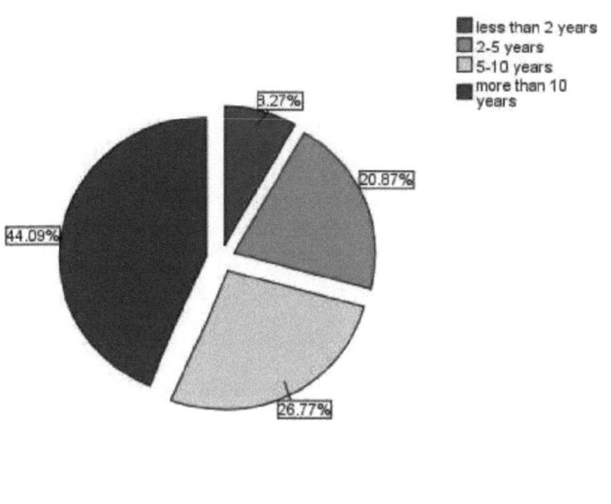

Fonte: Inquérito de campo, 2011

A experiência dos criadores de gado urbanos está diretamente relacionada com a utilização das TIC no acesso à informação sobre o gado. Isto apoia o quadro concetual deste estudo, que mostra a experiência do detentor de gado como um dos factores situacionais que afectam as fontes e os canais de informação utilizados pelos detentores de gado. Os resultados do Quadro 6 mostram a tendência da relação entre a utilização das TIC e a experiência do detentor de gado. A tendência mostra que existe uma correlação positiva entre a experiência dos detentores de gado e a utilização das TIC no acesso à informação sobre o gado, ou seja, houve um aumento da utilização das TIC com o aumento da experiência dos detentores de gado; quanto maior for a experiência do detentor de gado, maior será a utilização das TIC no acesso à informação sobre o gado.

Quadro 6: Relação entre a utilização das TIC e a experiência do detentor de gado N=254

Experiência dos criadores de gado		Utilização das TIC		Total
		Sim	Não	
menos de 2 anos	Contagem	18	3	21
	% dentro da experiência	(85.7%)	(14.3%)	(100.0%)
2-5 anos	Contagem	48	5	53
	% dentro da experiência	(90.6%)	(9.4%)	(100.0%)
5-10 anos	Contagem	66	2	68
	% dentro da experiência	(97.1%)	(2.9%)	(100.0%)

mais de 10 anos	Contagem	107	5	112
	% dentro da experiência	(95.5%)	(4.5%)	(100.0%)
Total	Contagem	239	15	254
	% dentro da experiência	(94.1%)	(5.9%)	(100.0%)

Fonte: Inquérito de campo, 2011

Os resultados mostram que 85,7% dos criadores de gado com uma experiência inferior a dois anos utilizaram as TIC, em comparação com 90,7% dos inquiridos com experiência entre 2-5 anos e 97,1% dos inquiridos com experiência entre 5-10 anos. Os inquiridos deste último grupo eram muitos em comparação com os outros grupos, o que pode ter influenciado os resultados de que eram os principais utilizadores das TIC. No entanto, o facto é que os criadores de gado com uma experiência de mais de 10 anos utilizaram mais as TIC do que aqueles com uma experiência de menos de 2 anos. Esta conclusão pode ter sido influenciada pelo facto de os criadores de gado urbanos e peri-urbanos mais experientes estarem mais familiarizados com a posse das TIC e mais conscientes do seu valor.

Através de discussões e observações, foi também revelado que os criadores de gado mais experientes usavam uma variedade de TIC para aceder à informação sobre o gado, em comparação com os menos experientes, que usavam apenas algumas TIC ou não usavam de todo as TIC. Isto deveu-se provavelmente ao facto de os criadores de gado mais experientes estarem mais conscientes das diferentes TIC (por exemplo, os programas de rádio e televisão sobre gado) e os criadores de gado menos experientes estarem menos conscientes destas TIC e não se terem apercebido de como as TIC os poderiam ajudar a aceder à informação e a melhorar as suas práticas. A partir dos resultados, pode concluir-se que os criadores de gado experientes estão mais conscientes da importância da utilização das TIC no acesso à informação sobre o gado, por oposição aos criadores de gado menos experientes, que podem não estar conscientes da utilização destas TIC e alguns dos quais têm muito poucos animais (principiantes), pelo que não precisam tanto das TIC como os criadores de gado mais experientes.

4.2.5 Ocupação dos inquiridos em relação à utilização das TIC

Os inquiridos foram questionados sobre qualquer outra ocupação em que estivessem envolvidos para além da criação de gado. Os resultados da Figura 8 revelam que muitos dos inquiridos (150 de 254) (59,1%) trabalhavam por conta própria, ou seja, estavam envolvidos nos seus próprios negócios, incluindo pequenos negócios e cultivo. Outros 18 dos 254 criadores de gado (7,1%) eram funcionários do governo, enquanto 11 inquiridos (4,3%) estavam empregados no sector privado. Os inquiridos empregados nos sectores público e privado eram muito poucos neste estudo porque a maioria deles estava a trabalhar fora na altura da recolha de dados. Esta é uma das limitações deste estudo porque o investigador teve de procurar os criadores de gado que estavam disponíveis para lhes fazer perguntas, daí a razão pela qual apenas 254 dos 275 inquiridos pretendidos foram questionados.

Figura 8: Ocupação dos detentores de gado

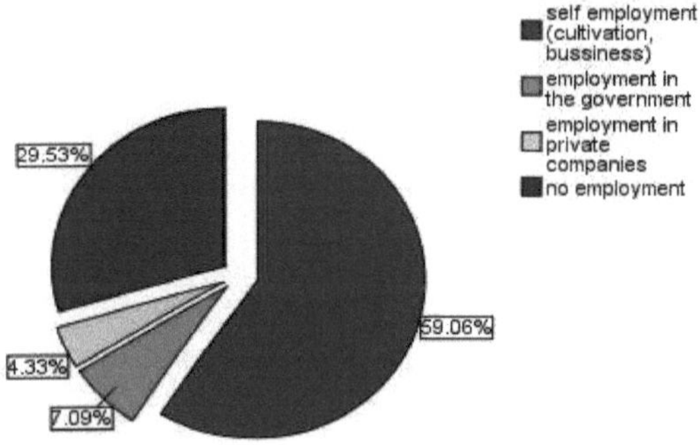

Fonte: Inquérito de campo, 2011

Os resultados também indicam que 75 dos 254 (29,5%) inquiridos não tinham outra ocupação na altura da recolha de dados. Alguns destes inquiridos sem ocupação eram reformados, outros eram estudantes e os restantes estavam envolvidos apenas na criação de gado. Estes resultados implicam que a criação de gado nas áreas urbanas não é a principal fonte de subsistência, uma vez que os criadores de gado urbanos criam gado para além de outras actividades económicas. Os criadores de gado urbanos não dependem apenas da sua ocupação, mas também criam gado principalmente para aumentar os seus níveis de rendimento e melhorar o seu estado nutricional. Isto foi confirmado por Otte e Knips (2005), que afirmaram que embora a criação de gado não seja normalmente a ocupação principal dos agregados familiares urbanos, o gado tem frequentemente um papel importante na geração de rendimentos. Além disso, os pobres urbanos dedicam-se à criação de gado como resposta às limitadas opções alternativas de subsistência e à insegurança alimentar. De acordo com Water-Bayers (1995), esta categoria de criadores de gado (os pobres) não tem controlo e acesso a insumos básicos, raramente tem acesso a serviços de apoio e é assediada ou ignorada pelos planeadores da cidade. Isto é especialmente verdade para os grupos vulneráveis (por exemplo, mulheres, reformados e pessoas sem educação formal) que dependem mais da criação de gado devido às suas limitadas escolhas alternativas de meios de subsistência (Guendel, 2002). Alguns dos criadores de gado urbanos deste estudo criam gado apenas para fins de interesse, porque gostam de animais. A criação de gado nas zonas urbanas é, portanto, uma profissão adoptada e não necessariamente uma continuação da cultura (como se afirma na informação de base desta tese).

Ao verificar se havia uma relação entre a ocupação e a utilização das TIC, os resultados do Quadro 7 revelaram que não havia diferença na utilização das TIC entre os inquiridos que trabalhavam por conta própria (93,3% dos quais utilizavam as TIC) e os que não tinham emprego (94,7% dos quais utilizavam as TIC). Foi revelado que 17 dos 18 inquiridos que trabalhavam para o governo (94,4%) utilizavam as TIC, enquanto todos os 11 inquiridos que trabalhavam para o sector privado (100%) utilizavam as TIC para aceder à informação sobre o gado.

Quadro 7: Relação entre a utilização das TIC e a profissão de detentor de gado

N=254

Ocupação dos criadores de gado		Utilização das TIC		Total
		Sim	Não	
trabalho independente	Contagem	140	10	150
	% no âmbito da atividade profissional	(93.3%)	(6.7%)	(100.0%)
emprego na administração pública	Contagem	17	1	18
	% no âmbito da atividade profissional	(94.4%)	(5.6%)	(100.0%)
emprego no sector privado empresas	Contagem	11	0	11
	% no âmbito da atividade profissional	(100.0%)	(.0%)	(100.0%)

sem emprego	Contagem	71	4	75
	% no âmbito da atividade profissional	(94.7%)	(5.3%)	(100.0%)
Total	Contagem	239	15	254
	% no âmbito da atividade profissional	(94.1%)	(5.9%)	(100.0%)

Fonte: Inquérito de campo, 2011

No quadro concetual deste estudo, mostra-se que o estatuto económico do criador de gado determina as fontes ou canais de informação que o criador de gado utiliza para aceder à informação. Estes resultados significam que a maioria dos criadores de gado nas zonas urbanas utiliza pelo menos uma das TIC, especialmente os telemóveis (como discutido mais adiante), para aceder à informação sobre o gado, independentemente da sua ocupação. O tipo de TIC utilizado pode diferir entre os criadores de gado, dependendo de outros factores, como o nível de educação e a experiência, que influenciam o grau de conhecimento sobre a utilização dessas TIC. Outro fator que pode influenciar o nível de utilização das TIC pelos criadores de gado urbanos é o nível de conhecimentos empresariais. O facto de a maioria dos criadores de gado urbanos trabalhar por conta própria também implica que a maioria deles tem um elevado conhecimento empresarial. Isto tem uma influência positiva na utilização das TIC porque estes criadores de gado precisam de obter muita informação para melhorar as suas práticas de criação de gado e, consequentemente, aumentar as suas margens de lucro e níveis de rendimento.

4.2.6 Tipos de animais mantidos pelos criadores de gado

Os resultados deste estudo revelaram que os criadores de gado urbanos mantinham uma variedade de animais, incluindo vacas, cabras, ovelhas, porcos, galinhas, patos e galinhas d'angola. Alguns criadores de gado tinham apenas um tipo de gado, enquanto outros tinham vários tipos de gado. Para além das galinhas e das vacas, os resultados mostraram outros tipos de animais que eram mantidos pelos criadores, incluindo cabras (29,5%), ovelhas (5,9%), patos (15%) e galinhas d'angola (3,5%). O Quadro 8 mostra os tipos de animais mantidos pelos inquiridos nos distritos urbanos de Kinondoni e Morogoro e as suas frequências.

Quadro 8: Tipos de animais mantidos pelos detentores de gado

N=152 (Kinondoni), N=102 (Morogoro urbano), N=254 (Global)

Tipo de gado	Kinondoni	Morogoro urbano	Em geral

	Freq.	%	Freq.	%	Freq.	%
Frango	95	62.5	63	61.8	158	62.2%
Vacas	102	67.1	36	35.3	138	54.3%
Cabras	48	31.6	27	26.5	75	29.5%
Porcos	11	4.3	39	38.2	50	19.7%
Patos	23	15.1	15	14.7	38	15%
Ovinos	7	4.6	8	7.8	15	5.9%
Galinhas-d'angola	5	3.3	4	3.9	9	3.5%

Fonte: Inquérito de campo, 2011

Estes resultados indicam que um total de 158 (62,2%) inquiridos criavam galinhas. A maioria dos inquiridos criava galinhas, provavelmente porque é mais fácil criar galinhas em zonas urbanas do que outros animais de grande porte (por exemplo, vacas), devido aos regulamentos rigorosos relativos à criação de animais de grande porte. Estes inquiridos disseram que criavam poedeiras, frangos de carne ou galinhas locais. As poedeiras e os frangos de carne eram criados para fins comerciais e em grande número, variando entre 300 e 2.000 frangos, enquanto as galinhas locais eram criadas em menor número e destinavam-se principalmente ao consumo doméstico. As vacas eram mantidas por um total de 138 (54,3%) inquiridos, a maioria dos quais no distrito de Kinondoni (67,1%) e 35,3% no distrito urbano de Morogoro. Estas vacas variavam entre uma e várias vacas, consoante o espaço de que dispunham os criadores de gado. Os criadores de gado que dispunham de grandes espaços (especialmente os que viviam em zonas periurbanas) tinham muitas vacas, em comparação com os que dispunham de espaço limitado, que tinham poucas vacas. Isto devia-se ao facto de as regras e regulamentos não lhes permitirem ter mais de quatro vacas ao mesmo tempo, para evitar a sobrelotação e a poluição ambiental causada pela deficiente eliminação dos resíduos animais. Isto está de acordo com o Animal By-laws de 1982 da Lei do Governo Local [n.º 8, secção 80 do CAP 378]), que, entre outros regulamentos, estabelece que "Nenhuma pessoa pode manter mais de quatro bovinos em qualquer área da cidade" (Schmidt, 2011)

Asiedu *et al.* (2009) afirmam que os criadores de gado urbanos criam gado por muitas razões, uma das quais é ajudá-los a aumentar o seu rendimento, tornando-os assim financeiramente mais estáveis em tempos de necessidade. Isto acontece através da venda de vários produtos animais, por exemplo, leite, ovos, peles e carne. Os criadores de gado urbanos também criam gado como meio de melhorar o seu estado nutricional, contribuindo assim para a segurança nutricional através do fornecimento de carne, leite e ovos. O gado também fornece insumos agrícolas importantes, como estrume para sustentar a produção de culturas para alimentação humana e animal, e é fundamental para muitos eventos e cerimónias socioculturais.

Os resultados das observações deste estudo revelaram que, quanto maior o número de animais detidos pelos inquiridos, maior a utilização das TIC. Os inquiridos que possuíam muitos animais (por exemplo, mais de 10 vacas ou 1.000 galinhas) tinham mais conhecimentos e podiam utilizar diferentes tipos de TIC para aceder a informações sobre os animais, em comparação com os inquiridos que possuíam poucos animais (por exemplo, uma ou duas vacas), que estavam menos interessados em utilizar a maioria das TIC. Isto pode provavelmente dever-se ao facto de os criadores de gado que possuíam animais em grande número serem mais orientados para o lucro, daí a necessidade de utilizar muitas TIC para obter mais informações. Um dos inquiridos em Kinondoni que tinha muitas galinhas (mais de 1.000) admitiu utilizar todos os tipos de TIC para aceder a várias informações sobre avicultura. A Figura 9 mostra uma fotografia de galinhas (poedeiras) tirada no campo durante as observações.

Figura 9: Galinha pertencente a um dos inquiridos no distrito de Kinondoni (bairro de Bunju)

Fonte: Fotografia tirada pelo investigador, 2011

Discussão com base nos objectivos específicos do estudo

A parte seguinte da discussão incide sobre os objectivos específicos deste estudo. A discussão baseia-se nas questões de investigação que foram colocadas e respondidas pelos inquiridos. A discussão está organizada por ordem cronológica, do primeiro ao último objetivo específico do estudo, como se segue.

4.3 Necessidades de informação dos criadores de gado urbanos

Uma vez que o principal problema deste estudo era a insuficiência de informação sobre o gado, o primeiro objetivo específico deste estudo era identificar as diferentes necessidades de informação dos criadores de gado urbanos. Começou-se por pedir aos inquiridos que mencionassem as diferentes informações de que necessitavam nas suas práticas de criação de gado. Os resultados do estudo revelaram que os criadores de gado urbanos tinham uma variedade de necessidades de informação, a maioria das quais era semelhante nos dois distritos (i.e. Kinondoni e Morogoro urbano), com exceção de algumas necessidades de informação que eram mais numerosas num distrito e não no outro. Algumas das grandes categorias de necessidades de informação que foram mencionadas pelos criadores de gado incluem: controlo e tratamento de doenças, nutrição e alimentação, mercados e preços, técnicas de habitação e disponibilidade de empréstimos. As necessidades de informação com as suas frequências em cada um dos dois distritos em estudo estão resumidas no Quadro 9.

Quadro 9: Necessidades de informação dos criadores de gado urbanos

N=152 (Kinondoni), N=102 (Morogoro urbano), N=254 (Global)

Necessidade de informação	Kinondoni		Morogoro urbano		Em geral	
	Freq.	%	Freq.	%	Freq.	%
Controlo e tratamento de doenças	145	95.4	97	95.1	242	95.3
Procedimentos de nutrição e alimentação	99	59.2	68	66.7	158	62.2
Mercados e preços	68	44.7	75	73.5	143	56.3
Técnicas de habitação	29	19.1	45	44.1	74	29.1
Disponibilidade de empréstimos	29	19.1	22	21.6	51	20.1
Estatutos	-	-	11	10.8	11	4.3
Disponibilidade de boas raças	8	3.1	-	-	8	3.1
Disponibilidade de pintos	3	1.2	-	-	3	1.2
Informações sobre o biogás	-	-	1	1.0	1	0.4

Fonte: Inquérito de campo, 2011

Outro estudo realizado por Ossiya *et al.* (2002) indicou que as necessidades de informação dos criadores de gado urbanos são semelhantes, nomeadamente no que respeita a métodos modernos, tratamento, alimentação, diagnóstico de doenças e gestão de aves de capoeira. Sanusi *et al.* (2010) também sugerem que os utilizadores de informação agrícola são diferentes de um para outro com base nas suas necessidades e exigências. Como mostra o quadro concetual deste estudo, a categoria de informação necessária aos criadores de gado urbanos é determinada pela categoria de tarefa que é a criação de gado urbano. Isto é apoiado por Aina (1991) que afirmou que todos os utilizadores de informação agrícola têm normalmente necessidades de informação específicas com base na sua peculiaridade. As necessidades de informação de alguns agricultores, tais como a fonte de facilidades de crédito, questões sobre a propriedade da terra e a comercialização de produtos agrícolas, são bastante diferentes das necessidades de informação sobre as principais pragas e doenças, o manuseamento adequado de insecticidas e os melhores métodos de cultivo.

i) Controlo e tratamento de doenças

As constatações deste estudo revelaram que quase todos os inquiridos, isto é, um total de 242 em 254 (95,3%) necessitavam de informação sobre vários tipos de doenças animais e como estas poderiam ser tratadas ou controladas para evitar a morte de animais e aumentar a produção. Este tipo de necessidade de informação era muito importante tanto para os criadores de gado do distrito de Kinondoni (95,4%) como para os do distrito urbano de Morogoro (95,1%). Os inquiridos queixaram-se de que os seus animais eram muito afectados por doenças, o que resultava na morte dos seus animais e, consequentemente, em grandes perdas e instabilidade económica. Relativamente a esta necessidade de informação, os criadores de gado também precisavam de informação sobre a disponibilidade de medicamentos de qualidade para animais porque, segundo eles, havia muitos medicamentos falsos no mercado. Este era um problema grave, porque os animais expostos a medicamentos falsos podiam desenvolver resistência aos medicamentos e, consequentemente, morrer de doenças.

Nas discussões com o investigador, os inquiridos também se queixaram de medicamentos e serviços veterinários muito caros. Isto é um problema porque a maioria dos criadores de gado não consegue tratar ou controlar as doenças dos animais porque não podem pagar os serviços, deixando assim os seus animais a sofrer ou a morrer de doenças. Por conseguinte, os criadores de gado precisam de informação sobre onde podem comprar medicamentos e obter serviços veterinários a preços acessíveis. Este estudo apresenta uma implicação política para que as autoridades competentes imponham regulamentos rigorosos sobre os subsídios para medicamentos e vacinas, de modo a que os criadores de gado possam beneficiar dos subsídios. Isto deve-se à queixa de alguns dos criadores de gado de que não beneficiam dos subsídios concedidos pelo governo. Alguns dos criadores de gado queixam-se da falta de serviços veterinários porque os serviços estão localizados longe deles. Este facto constitui também uma ameaça para os seus animais, pois estes não podem ser tratados de forma adequada e atempada. Estes criadores de gado precisam de informação sobre onde podem facilmente obter serviços veterinários para evitar perdas dos seus animais.

ii) Disponibilidade de mercados

A disponibilidade de mercados para os produtos animais era um grande problema para os criadores de gado urbanos. Este foi outro tipo de necessidade de informação que foi mencionado por muitos inquiridos (56,3%). Esta informação foi mais necessária para os inquiridos no distrito urbano de Morogoro (73,5%) em comparação com os inquiridos no distrito de Kinondoni (44,7%). Isto implica que os criadores de gado no distrito urbano de Morogoro têm um problema de mercados prontamente disponíveis mais do que os inquiridos no distrito de Kinondoni. Nas discussões com os inquiridos, um inquirido do distrito urbano de Morogoro afirmou que produzia muito leite do que podia vender, de tal modo que o leite por vezes se estragava e ela era forçada a deitar o leite fora. Isto devia-se à falta de um mercado facilmente disponível. Os inquiridos afirmaram que não tinham mercados comuns onde pudessem vender os seus produtos animais. Também se queixaram da falta de preços comuns para os seus produtos, alguns deles vendiam os seus produtos a preços elevados enquanto outros eram forçados a vender os seus produtos a preços muito baixos. Muitos criadores de gado urbanos não têm mercados para vender os seus produtos e mesmo aqueles que têm mercados são forçados a vender os seus produtos a preços baixos que, por vezes, são ditados pelos seus clientes.

Os criadores de gado urbanos necessitam de informação sobre mercados que estejam prontamente disponíveis e que sejam fiáveis, onde possam ter a certeza de vender os seus produtos sem hesitação. Os criadores de gado urbanos também precisam de um organismo regulador que possa tomar conta dos seus produtos animais no mercado. Esta investigação apela às autoridades competentes para que disponibilizem mercados comuns para os produtos animais; isto pode ser feito restringindo a importação de produtos animais de fora do país e, em vez disso, promovendo os produtos locais dos nossos criadores de gado, em oposição à situação atual em que o mercado está cheio de produtos animais de fora do país. As autoridades competentes também podem ajudar a disponibilizar mercados para os criadores de gado, investindo mais nas indústrias locais que podem comprar e transformar os produtos animais locais, que, por sua vez, podem ser exportados para fora do país para aumentar as divisas estrangeiras e fazer crescer a economia do país. As autoridades competentes também precisam de impor medidas políticas rigorosas que controlem os preços de mercado dos produtos animais através dos seus organismos reguladores. Isto ajudará os criadores de gado a vender os seus produtos a preços lucrativos, o que levará ao desenvolvimento da indústria pecuária, ao aumento da estabilidade económica dos criadores de gado e à redução da pobreza.

iii) Procedimentos de nutrição e disponibilidade de alimentos

Outra necessidade de informação dos criadores de gado urbanos é a informação sobre os procedimentos nutricionais e a disponibilidade de alimentos. Isto foi mencionado por um total de 158 criadores de gado (62,2%). Muitos (66,7%) criadores de gado do distrito urbano de Morogoro mencionaram os procedimentos nutricionais como uma das suas necessidades de informação, em comparação com 59,2% dos inquiridos do distrito de Kinondoni. Esta necessidade de informação inclui procedimentos de alimentação dos animais, preparação de alimentos para animais, disponibilidade de alimentos de qualidade e disponibilidade de áreas de pastagem.

Os criadores de gado nas zonas urbanas enfrentam um grande problema de escassez de alimentos para animais. Isto deve-se ao facto de as áreas de pastagem serem limitadas e às leis e regulamentos rigorosos relativos à criação de gado em áreas urbanas, segundo os quais o gado é confinado em espaços interiores e não é permitido pastar, a fim de proteger o ambiente. Foeken (2004) salienta que os Regulamentos sobre Agricultura Urbana de 1992 dão orientações, entre outras, sobre o tamanho máximo das parcelas, o número de cabeças de gado, o sistema de criação de gado e a proibição de qualquer atividade agrícola sempre que esta cause incómodo. De acordo com Kitilla (2001) e Mlozi (2001a), a regulamentação da agricultura urbana cabe às autoridades urbanas. Em todas as cidades e municípios da Tanzânia existem leis que regulam tanto o cultivo de plantas como a criação de animais, e as leis específicas sobre a criação de animais incluem a exigência de uma licença especial do diretor da cidade ou do município; um máximo de quatro cabeças de gado, que só podem ser mantidas em pastoreio livre e em estruturas específicas; e a remoção obrigatória de esterco, resíduos líquidos e outros dejetos animais. Isto representa uma grande ameaça para o gado nas zonas urbanas, porque os criadores de gado têm de comprar alimentos para animais ou empregar pessoas que vão para longe à procura de erva, razão pela qual os criadores de gado precisam de informações sobre onde podem pastar os seus animais ou onde podem obter alimentos de qualidade e a preços acessíveis para os seus animais.

Os criadores de gado que criam galinhas também precisam de informação sobre como preparar os alimentos para animais e onde podem obter alimentos de qualidade. Esta necessidade de informação está diretamente relacionada com a criação de gado em áreas urbanas, porque o criador de gado tem de cumprir as regras e regulamentos relativos à criação de gado em áreas urbanas; isto é, manter alguns animais no interior, o que resulta num problema de alimentação dos animais devido às despesas incorridas.

iv) Técnicas de habitação

As técnicas de alojamento também foram mencionadas como uma necessidade de informação por um total de 74 (29,1%) inquiridos, a maioria dos quais se encontravam no distrito urbano de Morogoro (44,1%) em comparação com 19,1% dos inquiridos no distrito de Kinondoni. Apesar do facto de muitos criadores de gado urbanos e peri-urbanos terem formação, experiência e emprego, ainda lhes faltam conhecimentos sobre boas práticas de criação. Um estudo semelhante efectuado em Kisumu também revelou que o alojamento dos animais é um constrangimento importante para a criação de gado na cidade (Onim, 2002). Estas constatações significam que os criadores de gado urbanos não possuem os conhecimentos necessários que os possam ajudar a construir bons estábulos para os seus animais, daí a necessidade desta necessidade de informação. A diferença entre os dois distritos pode, provavelmente, dever-se ao facto de que a maioria dos criadores de gado do distrito de Kinondoni criam animais em grande número (provavelmente porque a maioria deles está situada em áreas peri-urbanas com mais espaço para os seus animais), em comparação com os criadores de gado do distrito urbano de Morogoro, daí que eles tenham mais conhecimentos e possam pagar boas estruturas de alojamento do que os criadores de gado do distrito urbano de Morogoro. Uma outra razão para a diferença entre os dois distritos pode dever-se às regras estritas impostas aos criadores de gado no distrito de Kinondoni para impedir que os animais andem à solta, ao contrário do que acontece no distrito urbano de Morogoro, onde os regulamentos relativos à criação de gado urbano parecem ser levados menos a sério. Mvena *et al.* (1991) sugere que praticamente todos os regulamentos são ignorados pela maioria dos agricultores urbanos.

As observações deste estudo revelaram que no distrito urbano de Morogoro, muitos animais foram vistos a vaguear fora dos seus barracões, ao contrário do distrito de Kinondoni. As observações também revelaram que alguns dos criadores de gado no distrito de Kinondoni não sabiam como construir boas casas para os seus animais, como se pode ver na Figura 10, onde foi construída uma estrutura pobre para um vitelo, sem sombra para o proteger das condições climatéricas adversas. Isto pode ter contribuído para a ignorância do inquirido sobre as práticas de criação de gado porque o inquirido era instruído e tinha um bom estatuto económico.

Figura 10: Estrutura de uma casa para um vitelo em Kinondoni - distrito de Mbweni

Fonte: Fotografia tirada pelo investigador, 2011

Esta necessidade de informação também está relacionada com a criação de gado urbano, devido ao espaço limitado da maioria dos criadores de gado urbanos, o que os obriga a necessitar de estruturas mais pequenas, com boas instalações de eliminação de resíduos, para evitar a poluição ambiental e proteger a saúde dos criadores de gado e dos seus vizinhos. As más condições de alojamento e a falta de uma eliminação adequada dos dejectos dos animais levaram a que os animais andassem à solta pelas ruas e causassem maus cheiros, provocando assim conflitos entre os criadores de gado urbanos e os outros residentes urbanos. Por conseguinte, os criadores de gado urbanos precisam de ser informados sobre as técnicas de alojamento adequadas, de modo a confinarem os seus animais e evitarem conflitos. Os criadores de gado urbanos também se queixaram da falta de áreas reservadas para guardar os seus animais e para pastar. Os criadores de gado precisam que o governo reserve áreas separadas (fora das suas casas) com espaço suficiente para que possam manter os seus animais livremente, de modo a evitar a contaminação do ambiente e conflitos com os seus vizinhos. Isto poderia ajudar os criadores de gado a resolver o seu problema de habitação e de falta de áreas de pastagem, porque os criadores de gado poderiam construir estruturas boas e permanentes para os seus animais e estes poderiam ter um espaço amplo para pastar.

v) Disponibilidade de empréstimos

Alguns dos inquiridos (20,1%) mencionaram a disponibilidade de empréstimos como outra necessidade de informação. Esta necessidade de informação foi mais mencionada (21,6%) pelos inquiridos no distrito urbano de Morogoro, em comparação com 19,1% dos inquiridos no distrito de Kinondoni. Isto implica que os criadores de gado do distrito urbano de Morogoro precisam mais de empréstimos do que os do distrito de Kinondoni. Esta diferença entre os dois distritos pode dever-se ao facto de a maioria dos criadores de gado da zona urbana de Morogoro ter um pequeno número de animais e, por conseguinte, necessitar de mais capital para aumentar o número de animais e, assim, aumentar as suas margens de lucro. Estes inquiridos também precisam de empréstimos para melhorar as práticas de gestão, através de melhores instalações para os animais, melhores alimentos, melhor nutrição, melhor gestão dos resíduos, melhores raças e melhor controlo das doenças. A disponibilidade de empréstimos poderia permitir aos criadores de gado dar um passo em frente na expansão da sua atividade e no aumento do seu rendimento. Isto coloca uma implicação política para os organismos financeiros relevantes, por exemplo, os bancos, no sentido de garantirem que melhoram as condições para a aquisição de empréstimos, facilitando assim a aquisição de empréstimos pelos pequenos agricultores.

vi) Estatuto da criação urbana de animais

Os resultados deste estudo revelaram que a informação sobre os regulamentos é outra necessidade de informação dos criadores de gado urbanos. Esta necessidade de informação foi mencionada por poucos (4,3%) inquiridos. Isto pode dever-se provavelmente ao facto de a maioria dos criadores de gado urbanos estar bem informada sobre os regulamentos que é suposto respeitarem, ou talvez os inquiridos ignorem a existência dos regulamentos, razão pela qual foi mencionada por poucos inquiridos. Embora tenha sido mencionada por poucos inquiridos, a informação sobre os regulamentos é muito importante para os criadores de gado urbanos. Isto porque dá orientações aos criadores de gado sobre o que fazer e o que não fazer na criação de gado em áreas urbanas.

Um dos regulamentos a que os criadores de gado devem obedecer é a limitação do número de animais que estão autorizados a manter. Os criadores de gado urbanos estão autorizados a ter, no máximo, quatro animais, especialmente no caso de animais de grande porte, como o gado bovino, por oposição a animais de pequeno porte, como ovelhas, cabras e galinhas. Outra regra é que a criação de gado em áreas urbanas implica o seu confinamento para evitar a poluição ambiental e os conflitos entre vizinhos. Apesar desta regra, as observações revelaram que muitos animais andavam à solta pelas ruas em busca de comida. Isto pode dever-se ao facto de os criadores de gado desconhecerem as regras. De acordo com a Política Agrícola e Pecuária do Ministério da Agricultura e Cooperativas (MoAC 1997), "só é permitido o pastoreio zero e o número de cabeças de gado é limitado a quatro por pessoa" e "qualquer atividade agrícola que se considere constituir um incómodo sob a forma de ruído ou cheiro ou que represente um perigo físico para a segurança do público não será permitida em áreas que não sejam as zonas destinadas à agricultura urbana" (Jacobi *et al.*, 2005).

vii) Informações sobre o biogás

Esta foi outra necessidade de informação dos criadores de gado urbanos que foi mencionada por apenas 1 (0,4%) inquirido. Esta informação é também muito importante para os criadores de gado urbanos, apesar de ter sido mencionada por apenas um inquirido. Uma das razões pelas quais esta necessidade de informação foi mencionada por poucos criadores de gado pode ser o facto de os criadores de gado não terem conhecimento da sua existência. Tal como referido por Matovelo (2008), a falta de conhecimento e a existência de determinada informação leva à falta de procura da mesma. Os criadores de gado podem beneficiar muito se tiverem conhecimentos sobre a produção de biogás, porque terão eliminado os seus resíduos animais de forma eficaz e utilizarão o biogás como outra fonte de energia. A informação sobre o biogás pode ajudar a prevenir a poluição ambiental e a contaminação pelo gado nas zonas urbanas, se a informação for divulgada aos criadores de gado, o que pode ser possível através da utilização das TIC, como a rádio, a televisão e a Internet.

4.3.1 Grau de necessidade de informação

Em relação às suas necessidades de informação, foi também pedido aos inquiridos que explicassem em que medida necessitavam de cada uma das informações. Em resposta à pergunta, os inquiridos disseram que algumas das informações eram as mais necessárias, enquanto outras eram menos necessárias e outras eram as menos necessárias. Algumas das necessidades de informação não foram mencionadas por alguns dos inquiridos, pelo que foram classificadas no quadro como "não aplicável". O nível de necessidade de cada uma das informações está resumido na Tabela 10.

Quadro 10: Grau de necessidade de vários tipos de informação

N=254

Tipo de necessidade de informação	Grau de necessidade de informação							
	Mais necessários		Menos necessário		Menos necessário		Não aplicável	
	Freq.	%	Freq.	%	Freq.	%	Freq.	%
Doenças	183	72	32	12.6	27	10.6	12	4.7
Nutrição/Feeds	102	40.2	39	15.4	18	7.1	95	37.4
Mercados	95	37.4	24	9.4	24	9.4	111	43.7
Habitação	46	18.1	19	7.5	13	5.1	176	69.3
Empréstimos	46	18.1	7	2.8	4	1. 6	197	77.6
Raças	9	3.5	-	-	-	-	245	96.5
Pintos	3	1.2	-	-	-	-	251	98.8
Estatutos	2	0.8	5	2.0	5	2.0	242	95.3
Biogás	1	0.4	-	-	-	-	253	99.6

Fonte: Inquérito de campo, 2011

Tal como indicado no Quadro 10, os resultados do estudo revelaram que a informação mais necessária para os inquiridos era a informação sobre doenças. Esta foi mencionada como a informação mais necessária por 183 (72%) inquiridos. Outra informação mais necessária para muitos inquiridos, 102 (40,2%), foi a informação sobre nutrição e disponibilidade de alimentos, seguida da informação sobre a disponibilidade de mercados, que foi mencionada por 95 (37,4%) inquiridos. Outros tipos de necessidades de informação que foram mencionados por relativamente poucos inquiridos como as informações mais necessárias foram as informações sobre habitação 46 (18,1%) e empréstimos 46 (18,1%) respetivamente. A informação sobre biogás, pintos e raças foi mencionada por muito poucos inquiridos como informação mais necessária, enquanto outros inquiridos não a mencionaram de todo como necessidade de informação, provavelmente devido à falta de conhecimento sobre a sua existência.

Durante a realização das entrevistas, os extensionistas foram primeiro questionados sobre o tipo de informação que divulgavam aos criadores de gado, de acordo com as suas necessidades e o grau de necessidade de cada uma das informações que divulgavam. As necessidades de informação que foram mencionadas estão listadas abaixo, por ordem de importância, começando pela informação mais necessária.

a) Doenças dos animais; tratamento e medidas de controlo

b) Alimentos para animais e procedimentos de nutrição

c) Técnicas de alojamento dos animais

d) Boas práticas de criação/gestão do gado

e) Boas raças/espécies de gado

f) Pecuária urbana e higiene ambiental

g) Mercados e preços dos efectivos pecuários e dos produtos pecuários

h) Leis e regulamentos relativos à criação de gado urbano

As necessidades de informação mencionadas pelos extensionistas nas entrevistas são mais ou menos semelhantes às que foram mencionadas pelos criadores de gado nos questionários. Os resultados das entrevistas revelam que os extensionistas divulgam as mesmas informações que foram mencionadas pelos criadores de gado. Apesar disso, os criadores de gado urbanos continuam a necessitar de informação devido aos serviços de extensão limitados e pouco fiáveis, que não conseguem satisfazer as necessidades de todos os criadores de gado (como se explica em discussões posteriores).

4.4 Fontes de informação utilizadas pelos criadores de gado urbanos

Tal como se afirma no enunciado do problema, os criadores de gado dependem, na sua maioria, dos serviços de extensão que, normalmente, são insuficientes. O segundo objetivo específico deste estudo foi, portanto, o de avaliar a eficácia das diferentes fontes de informação utilizadas pelos criadores de gado urbanos. Para cumprir este objetivo, primeiro pediu-se aos inquiridos que mencionassem as fontes de informação que utilizavam para aceder à informação sobre a criação de gado e a frequência de utilização de cada uma das fontes de informação. Em seguida, foi pedido aos inquiridos que declarassem se as fontes de informação eram eficazes e que explicassem as razões da eficácia de cada uma das fontes de informação mencionadas. Segue-se a discussão sobre as fontes de informação, a frequência de utilização das fontes de informação e a eficácia de cada uma das fontes de informação no acesso à informação sobre a criação de gado, tal como explicado pelos inquiridos.

As constatações deste estudo revelam que os criadores de gado utilizam diferentes fontes de informação. As fontes de informação que foram mencionadas incluem: serviços de extensão e/ou veterinários, lojas veterinárias, exposições agrícolas, outros criadores de gado, reuniões/seminários e fontes impressas. O quadro concetual deste estudo mostra que as fontes/canais de informação utilizados pelos criadores de gado urbanos dependem das necessidades de informação dos criadores de gado. Sanusi (2010) afirma que: "É importante que a informação gerada a partir destas diferentes fontes chegue aos utilizadores pretendidos e, em última análise, satisfaça as suas necessidades".

A Tabela 11 mostra cada uma das fontes de informação que foram mencionadas pelos inquiridos nos distritos urbanos de Kinondoni e Morogoro, comparativamente.

Quadro 11: Fontes de informação utilizadas pelos criadores de gado urbanos

N=152 (Kinondoni), N=102 (Morogoro urbano), N=254 (Global)

Fonte de informação	Kinondoni		Morogoro urbano		Em geral	
	Freq.	%	Freq.	%	Freq.	%
Lojas veterinárias	142	93.4	54	52.9	196	77.2
Extensionistas	72	47.4	90	88.2	162	63.8
Colegas criadores de gado	70	46.1	32	31.4	102	40.2
Fontes de impressão	51	33.6	50	49.0	101	39.8
Exposições agrícolas	14	9.2	60	58.8	74	29.1
Reuniões/seminários	30	19.7	2	2.0	32	12.6

Fonte: Inquérito de campo, 2011

i) Lojas veterinárias

Os resultados deste estudo mostram que as lojas veterinárias são uma das fontes de informação utilizadas pelos criadores de gado urbanos. Esta é a fonte de informação mais comum, tendo sido utilizada por 196 (77,2%) de todos os inquiridos no total. Ao contrário dos inquiridos na zona urbana de Morogoro que recorreram mais aos extensionistas do que a outras fontes, a maioria dos inquiridos (93,4%) em Kinondoni recorreu mais às lojas de produtos veterinários do que a outras fontes de informação. A razão dada por estes inquiridos foi que eles não estavam a ser visitados pelos extensionistas, daí a sua razão para usar as lojas veterinárias. A falta ou limitação dos serviços de extensão no distrito de Kinondoni forçou a maioria dos inquiridos a recorrer às lojas de veterinária onde podiam obter serviços veterinários e informação sobre a criação de gado.

A utilização de lojas de produtos veterinários como fonte de informação em ambos os distritos é dificultada pela falta de profissionais especializados nas lojas de produtos veterinários e, nalgumas áreas, as lojas de produtos veterinários estão localizadas muito longe, pelo que os criadores de gado têm de percorrer longas distâncias à procura dos serviços. As lojas veterinárias são também consideradas dispendiosas em termos de medicamentos e vacinas. Um estudo efectuado por Ossiya *et al.* (2002) referiu constrangimentos semelhantes nos serviços veterinários: medicamentos caros, serviços caros, adulteração de medicamentos, poucos veterinários qualificados, custos de transporte elevados, medicamentos fora de prazo, resposta lenta aos pedidos de serviços e prestadores de serviços pouco éticos. Uma preocupação política para o governo é impor regras estritas através das autoridades relevantes que assegurem que os serviços veterinários oferecidos nas lojas veterinárias são de qualidade e que os medicamentos vendidos são autênticos e acessíveis aos criadores de gado, para evitar a resistência aos medicamentos e a morte dos animais.

ii) Extensionistas/veterinários

Os resultados deste estudo revelaram que os extensionistas e/ou veterinários são outro tipo de fontes de informação que foi utilizado por muitos inquiridos (63,8%). Os resultados mostraram que a maioria dos inquiridos na zona urbana de Morogoro (88,2%) recorreu a extensionistas/veterinários para aceder à informação sobre o gado, ao contrário dos inquiridos no distrito de Kinondoni (47,4%). Este resultado pode ter sido devido ao facto de haver muitos extensionistas/veterinários em Morogoro do que em Kinondoni, onde a maioria dos bairros não tem extensionistas. O uso de extensionistas e/ou veterinários no acesso à informação é uma das fontes comuns de informação usadas pela maioria dos criadores de gado urbanos. Isto porque, através do recurso aos serviços de extensão/veterinários, os criadores de gado podem obter mais do que apenas informação; os criadores de gado podem também obter outros serviços como o tratamento e a vacinação dos seus animais, conselhos sobre práticas correctas de criação e troca de ideias sobre vários assuntos relacionados com a criação de gado. De acordo com Daudu *et al.* (2009), a escolha do agente de extensão pode ser provavelmente o resultado da observação e participação dos agricultores em demonstrações de resultados, efectuadas pelos agentes de extensão. Este facto está de acordo com Swanson (1997), segundo o qual os agricultores se dão melhor com o que vêem e praticam do que apenas com o que ouvem.

Embora os serviços de extensão e os serviços veterinários sejam uma fonte comum de informação para muitos criadores de gado, verificou-se que os serviços de extensão não são fiáveis devido ao número reduzido de extensionistas que nem sempre estão disponíveis quando necessário. Também se diz que os serviços veterinários estão longe nalgumas áreas e são caros, pelo que nem todos os criadores de gado os podem pagar. Apesar das armadilhas dos serviços de extensão/veterinários, muitos criadores de gado continuam a precisar e a utilizar os serviços porque os benefícios da utilização dos serviços de extensão/veterinários são muito superiores às consequências da não utilização dos serviços. Isto também é confirmado por Matovelo (2008) que afirma que o papel dos extensionistas é o de chegar aos agricultores através de serviços de extensão tais como: visitas a agricultores individuais, demonstrações/ensaios nas explorações agrícolas, exposições agrícolas, programas de rádio e televisão e materiais impressos com mensagens agrícolas.

As observações deste estudo confirmaram o uso dos extensionistas na disseminação de informação. Na maior parte das freguesias do distrito urbano de Morogoro, observou-se que os criadores de gado beneficiavam muito dos extensionistas devido à boa relação que existia entre os extensionistas e os criadores de gado, ao contrário do distrito de Kinondoni onde se observou que a maior parte dos criadores de gado não sabia da existência dos extensionistas e nunca tinha recebido os seus serviços. A razão apresentada por todos os extensionistas foi o facto de serem muito poucos e, por conseguinte, não poderem visitar todos os criadores de gado no Distrito de Kinondoni. Esta é uma implicação política para o governo e outras autoridades relevantes no sentido de aumentar o número de extensionistas para satisfazer as necessidades de todos os criadores de gado nas zonas urbanas. Os poucos extensionistas que existem também podem ser motivados a fazer o seu trabalho através de incentivos. A figura 11 mostra um dos inquiridos (à direita) a trocar ideias com um dos extensionistas (à esquerda) no distrito de Kinondoni.

Figura 11: Comunicação entre o criador de gado (à direita) e o extensionista (à esquerda) no bairro de Mbweni, distrito de Kinondoni

Fonte: Fotografia tirada pelo investigador, 2011

iii) Colegas criadores de gado

Os colegas criadores de gado foram outra fonte de informação mencionada por um total de 102 (40,2%) inquiridos. Esta fonte de informação foi mais utilizada pelos inquiridos em Kinondoni (46,1%) do que pelos inquiridos em Morogoro Urban (31,4%). Este resultado significa que os inquiridos em Kinondoni interagem mais uns com os outros do que os do distrito urbano de Morogoro, em termos de troca de ideias sobre a criação de gado. Este resultado também pode ter sido devido ao facto de os criadores de gado no distrito de Kinondoni enfrentarem um problema de serviços de extensão limitados, em comparação com os inquiridos no distrito urbano de Morogoro; por conseguinte, eles têm de confiar mais noutras fontes de informação, incluindo os seus colegas criadores de gado. Esta fonte de informação é útil para os criadores de gado em ambos os distritos porque não tem custos e os criadores de gado podem aprender experiências diferentes com os seus companheiros. Os criadores de gado também podem aconselhar-se mutuamente sobre várias questões, incluindo nutrição e alimentação, tratamento e controlo de doenças, boas raças e boas práticas de criação. Apesar da importância dos colegas criadores de gado como fonte de informação, esta ocupa um lugar baixo na lista, quando comparada com outras fontes de informação. Isto significa que os criadores de gado urbanos e peri-urbanos não se consultam frequentemente sobre questões relacionadas com a criação de gado. Isto pode dever-se, provavelmente, ao facto de haver fontes de informação mais fiáveis para consultar (por exemplo, os extensionistas e as lojas veterinárias), para além dos outros criadores de gado. Uma outra razão pode ser o facto de que a maioria dos criadores de gado urbanos mantém o seu gado de forma independente; portanto, eles não precisam de consultar os seus companheiros para obter informações.

iv) Fontes de impressão

As constatações deste estudo também revelaram que as fontes impressas eram outra fonte de informação utilizada pelos criadores de gado urbanos. Os resultados deste estudo mostraram que esta fonte de informação foi ligeiramente mais utilizada pelos inquiridos na zona urbana de Morogoro (34,8%) do que pelos inquiridos no distrito de Kinondoni (33,6%). Este resultado pode significar que os inquiridos na zona urbana de Morogoro têm mais acesso a estas fontes impressas do que os inquiridos no distrito de Kinondoni. Isto pode dever-se à presença da Biblioteca Agrícola Nacional de Sokoine e às exposições agrícolas que se realizam todos os anos em Morogoro, onde os criadores de gado podem aceder a fontes de informação impressas.

A utilização de fontes impressas pelos criadores de gado é limitada pela sua indisponibilidade. Se as fontes impressas forem disponibilizadas, os criadores de gado poderão ler mais e adquirir mais conhecimentos sobre a criação de gado. A disponibilidade de fontes de informação impressa pode ser tornada possível através da extensão ou através da introdução de centros de informação agrícola nas áreas urbanas (tal como nas áreas rurais) onde os criadores de gado podem visitar e aceder livremente à informação.

v) Exposições agrícolas

Outra fonte de informação que foi utilizada pelos criadores de gado urbanos foram as exposições agrícolas. Estas exposições agrícolas (famosamente conhecidas como 'Maonyesho ya NaneNane' em Swahili) são realizadas todos os anos no país a nível regional e zonal. Como se esperava, os inquiridos do distrito urbano de Morogoro (10,6%) frequentaram mais as exposições do que os do distrito de Kinondoni (9,2%). Isto deveu-se provavelmente ao facto de que as exposições são normalmente realizadas em Morogoro a nível zonal. As exposições agrícolas são fontes de informação muito importantes para os criadores de gado, porque as exposições mostram várias experiências sobre boas práticas de criação de animais. Os criadores de gado podem aprender com estas experiências e têm a oportunidade de fazer perguntas que são respondidas por profissionais. As exposições agrícolas também oferecem gratuitamente folhetos, brochuras e livretos sobre práticas de criação de animais. Os criadores de gado devem, portanto, ser facilitados para que possam participar nestas exposições agrícolas, onde podem aumentar os seus conhecimentos e melhorar as suas práticas de criação de gado.

vi) Reuniões/seminários

A última, mas não menos importante, fonte de informação que foi mencionada por apenas alguns inquiridos (12,6%) foram as reuniões ou seminários. Apenas alguns inquiridos dos distritos urbanos de Morogoro (18,9%) e de Kinondoni (19,7%) tinham participado em reuniões/seminários sobre pecuária. Isto significa que os criadores de gado urbanos e peri-urbanos têm oportunidades limitadas de assistir às reuniões ou talvez os inquiridos ignorem a importância dos seminários. Os seminários podem ser muito importantes para os criadores de gado porque podem transmitir conhecimentos aos criadores de gado sobre práticas correctas de criação. O governo e outras autoridades relevantes devem facilitar e aumentar a oferta de seminários para os criadores de gado através da extensão. Os criadores de gado urbanos também devem participar em reuniões relevantes, de modo a poderem informar-se sobre várias questões relacionadas com a criação de gado e expressar as suas preocupações aos actores relevantes. Isto só será possível se os criadores de gado formarem organizações através das quais se possam encontrar, discutir e encontrar soluções para os seus problemas.

Em relação às fontes de informação, foi também pedido aos inquiridos que mencionassem a frequência de utilização de cada uma das fontes de informação.

Os resultados revelam ainda que algumas das fontes de informação acima mencionadas são utilizadas com maior frequência; outras são utilizadas com menor frequência, enquanto outras são utilizadas com menor frequência. Outras fontes de informação não são utilizadas de todo por alguns dos inquiridos e foram classificadas como "não aplicável", como mostra o quadro 12 abaixo.

Quadro 12: Frequência de utilização de diferentes fontes de informação

N=254

Tipo de fonte de informação	Frequência de utilização da fonte de informação							
	Mais frequentemente		Menos frequentemente		Menos frequente		Não aplicável	
	Freq.	%	Freq.	%	Freq.	%	Freq.	%
Lojas veterinárias	156	61.4	29	11.4	13	5.1	56	22.0
Extensão	97	38.2	26	10.2	41	16.1	90	35.4
Companheiros	47	18.5	25	9.8	30	11.8	152	59.8
Imprimir	19	7.5	27	10.6	57	22.4	151	59.4
Exposições agr.	16	6.3	22	8.7	36	14.2	180	70.9
Reuniões	9	3.5	6	2.4	14	5.5	225	88.6

Fonte: Inquérito de campo, 2011

O Quadro 12 indica que 156 (61,4%) inquiridos mencionaram as lojas veterinárias como a fonte de informação mais frequentemente utilizada. Isto pode ter sido provavelmente devido ao facto de que os extensionistas eram poucos e por isso os seus serviços não podiam chegar a todos os criadores de gado. Seguiram-se os extensionistas, que foram mencionados por 97 (38,2%) inquiridos como a fonte de informação mais frequentemente utilizada. Os outros criadores de gado foram mencionados como a fonte de informação mais frequentemente utilizada por uns poucos 47 (18,5%) criadores de gado. Algumas das fontes foram mencionadas por um número relativamente elevado de inquiridos como sendo as fontes de informação utilizadas com menos frequência. Exemplos destes incluem fontes impressas que foram mencionadas por 57 (22,4%) inquiridos e exposições agrícolas que foram mencionadas por 36 (14,2%) inquiridos. A partir destas constatações, pode concluir-se que os criadores de gado urbanos dependem maioritariamente das lojas veterinárias para obterem informação sobre o gado. Isto deve-se ao facto de haver poucos extensionistas nas zonas urbanas que oferecem serviços limitados que não são suficientes para satisfazer todas as necessidades de informação dos criadores de gado urbanos. As fontes de informação impressas e os seminários são as fontes de informação menos utilizadas, devido à indisponibilidade de fontes impressas e à falta de oportunidades para participar em seminários.

4.4.1 Eficácia das fontes de informação utilizadas

Os inquiridos foram depois convidados a indicar a eficácia destas fontes de informação. Dos 254 inquiridos, 116 inquiridos (45,7%) afirmaram que as fontes de informação que utilizavam eram muito eficazes, 124 inquiridos (48,8%) responderam que as fontes de informação eram satisfatórias e 14 inquiridos (5,5%) queixaram-se de que as fontes não eram eficazes. Em seguida, foi pedido aos inquiridos que justificassem as suas respostas, explicando por que razão consideravam as fontes de informação muito eficazes, satisfatórias ou pouco eficazes. A Tabela 13 mostra as explicações que foram dadas pelos inquiridos para as suas respostas sobre a eficácia dos serviços de extensão/veterinária, lojas veterinárias e fontes impressas.

Quadro 13: Opiniões sobre a eficácia das fontes de informação

N=254

Opinião dos criadores de gado sobre a eficácia das fontes de informação		**Eficácia das fontes de informação**			Total
		Eficaz	Satisfatório	Não eficaz	
Serviços veterinários/extensão muito bons	Contagem	86	1	0	87
	% no parecer	(74.1%)	(.8%)	(.0%)	(34.3%)
Serviços de extensão/veterinária pouco fiáveis	Contagem	0	17	2	19
	% no parecer	(.0%)	(13.7%)	(14.3%)	(7.5%)
Poucos extensionistas, pelo que nem sempre estão disponíveis	Contagem	1	39	2	42
	% no parecer	(.9%)	(31.5%)	(14.3%)	(16.5%)
Os extensionistas estão sempre disponíveis	Contagem	28	2	0	30
	% no parecer	(24.1%)	(1.6%)	(.0%)	(11.8%)
Nenhuma visita dos extensionistas	Contagem	1	0	4	5
	% no parecer	(.9%)	(.0%)	(28.6%)	(2.0%)
Ausência de aconselhamento profissional por parte das lojas de produtos agrícolas	Contagem	0	30	5	35
	% no parecer	(.0%)	(24.2%)	(35.7%)	(13.8%)
Os serviços veterinários são caros	Contagem	0	34	0	34
	% no parecer	(.0%)	(27.4%)	(.0%)	(13.4%)
As fontes impressas não estão facilmente disponíveis	Contagem	0	0	1	1
	% no parecer	(.0%)	(.0%)	(7.1%)	(.4%)
Os serviços veterinários estão longe	Contagem	0	1	0	1

	% no parecer	(.0%)	(.8%)	(.0%)	(.4%)
Total	Contagem	116	124	14	254
	% no parecer	(100.0%)	(100.0%)	(100.0%)	(100.0%)

Fonte: Inquérito de campo, 2011

i) Eficácia dos serviços veterinários/extensão

As constatações apresentadas na Tabela 13 mostram que 86 dos 116 inquiridos (74,1%) reconheceram que os serviços oferecidos pelos extensionistas/veterinários eram muito eficazes e que estes inquiridos estavam satisfeitos com os serviços porque obtinham toda a ajuda e aconselhamento de que necessitavam atempadamente; estes eram os inquiridos que recorriam aos serviços governamentais de extensão e/ou veterinários devido à sua proximidade a estes serviços e à sua capacidade de pagar os serviços. Estes inquiridos disseram que os serviços veterinários/extensão eram muito bons porque os serviços resolviam adequadamente todos os problemas dos criadores de gado.

Outra razão pela qual os inquiridos consideraram que os serviços eram eficazes foi o facto de os extensionistas estarem sempre disponíveis. Esta razão foi dada por 28 dos 116 (24,1%) dos inquiridos que disseram que os serviços de extensão eram muito eficazes e que os inquiridos estavam satisfeitos com os serviços. Estes inquiridos afirmaram que os extensionistas os visitavam com frequência e respondiam sempre que eram chamados. Alguns destes inquiridos pertenciam a alguns projectos pecuários em curso, razão pela qual eram sempre atendidos com frequência pelos extensionistas.

Dos 124 inquiridos que afirmaram que as fontes de informação eram satisfatórias, 39 (31.5%) inquiridos explicaram que havia poucos extensionistas que ofereciam serviços limitados que não conseguiam chegar a todos os criadores de gado de forma eficiente, enquanto 17 (13.7%) dos inquiridos explicaram que os serviços de extensão e/ou veterinários não eram fiáveis, pelo que os criadores de gado não conseguiam obter os conselhos ou serviços necessários quando precisavam. Estes inquiridos disseram que os extensionistas/veterinários só os visitavam de vez em quando e não conseguiam resolver os seus problemas a tempo. Uma constatação semelhante foi relatada por Gakuru *et al.* (2009) que afirmaram que os criadores de gado confiam nos serviços de aconselhamento como fontes de informação que são geralmente insuficientes.

Apenas quatro inquiridos (28,6%) afirmaram que os serviços de extensão não eram eficazes porque os extensionistas não os visitavam de todo. Alguns destes inquiridos nem sequer sabiam da existência de extensionistas e dos serviços que estes ofereciam. Esta constatação é corroborada por um estudo semelhante realizado em Kampala, segundo o qual a maioria dos criadores de gado urbanos nunca recebeu visitas de extensionistas (Ossiya *et al.*, 2002). Isto pode ter sido devido ao facto de que alguns bairros não tinham nenhum extensionista, enquanto que outros tinham muitos criadores de gado que não podiam ser atendidos por um único extensionista. Alguns dos inquiridos que recorreram aos serviços de extensão queixaram-se de que estes serviços não eram de todo eficazes. As razões apresentadas foram que os extensionistas eram poucos (14.3%), os serviços não eram fiáveis (14.3%) e que não havia visitas dos extensionistas (28.6%).

ii) Eficácia dos estabelecimentos veterinários

Os inquiridos também deram explicações para a eficácia das clínicas veterinárias. A Tabela 13 mostra que 30 (24.2%) dos inquiridos afirmaram que os serviços veterinários oferecidos nas lojas de veterinária não eram suficientemente eficazes devido à falta de experiência profissional nestas lojas. Estes inquiridos afirmaram que alguns dos trabalhadores das lojas veterinárias não eram profissionais e, por isso, não conseguiam resolver os seus problemas de forma eficaz porque os conselhos que davam aos criadores de gado não eram apropriados. Como implicação política, isto exige que o governo e as autoridades relevantes inspeccionem cada uma das lojas veterinárias e percebam os serviços oferecidos e a disponibilidade de profissionais nestas lojas.

Um total de 34 inquiridos (27.4%) que afirmaram que as fontes de informação eram satisfatórias, queixaram-se que os serviços veterinários eram muito caros, por isso os criadores de gado gastavam muito dinheiro com eles e os serviços não podiam ser pagos por muitos criadores de gado de pequena escala. Estes inquiridos afirmaram que os medicamentos veterinários também eram muito caros e que os veterinários precisavam de ser pagos pelo seu transporte e pelos serviços que ofereciam. Noutros estudos semelhantes, Onim (2002) referiu que os serviços veterinários privados (e de extensão) são demasiado caros para os criadores de gado pobres da cidade. Esta constatação é também apoiada por Daudu *et al.* (2009) que afirmam que o constrangimento financeiro é uma das principais limitações à utilização de algumas das fontes de informação pelos agricultores. Assim, os preços dos medicamentos e dos serviços veterinários devem ser regulados pelas autoridades competentes para que todos os criadores de gado possam beneficiar dos serviços. Como afirma Onim (2002), os serviços veterinários (e de extensão) devem ser melhorados para melhorar a produção pecuária na cidade. Muito poucos inquiridos (0,8%) mencionaram as longas distâncias até às lojas veterinárias como razão para a ineficácia das fontes de informação. Estes criadores de gado viviam relativamente longe dos centros onde podiam aceder aos serviços veterinários e, por conseguinte, tinham que passar mais tempo a seguir os serviços. As lojas e serviços veterinários precisam, portanto, de ser trazidos para mais perto dos criadores de gado para que todos os criadores de gado possam beneficiar deles.

Os resultados das observações revelaram que existem várias lojas de produtos agrícolas, tanto nos distritos urbanos de Kinondoni como de Morogoro, onde os criadores de gado podem obter informações. A maioria destas lojas de produtos agrícolas está localizada nas zonas urbanas centrais, enquanto que a maioria dos criadores de gado está localizada longe destas zonas (nas zonas peri-urbanas). O acesso aos serviços destas lojas exige que os criadores de gado percorram longas distâncias para obter o serviço, o que é caro e consome muito tempo para a maioria dos criadores de gado.

iii) Eficácia das fontes impressas

Outra explicação dada por poucos inquiridos (7,1%) foi a indisponibilidade de fontes impressas. Estes inquiridos afirmaram que as fontes impressas não eram fontes de informação eficazes porque não estavam prontamente disponíveis, embora fossem muito importantes para eles. Estes inquiridos precisam que as fontes impressas lhes sejam disponibilizadas e isso pode ser possível através da extensão ou da introdução de centros de informação onde possam aceder às fontes impressas.

4.4.2 Fontes de informação utilizadas pelos extensionistas

Durante as entrevistas, os extensionistas foram questionados sobre os tipos de fontes de informação que utilizavam para aceder e disseminar a informação e a eficácia de cada uma das fontes de informação. As fontes de informação que foram mencionadas pelos extensionistas são discutidas abaixo, começando pelas fontes de informação utilizadas com maior frequência até às menos utilizadas.

i) Diálogos presenciais

Foi revelado que todos os extensionistas utilizaram os diálogos face a face na comunicação com os criadores de gado. As razões para o recurso ao diálogo presencial, explicadas por alguns extensionistas, são citadas a seguir;

"Os diálogos cara a cara permitem-nos trocar ideias e obter feedback imediato dos criadores de gado." - Extensionista do bairro 'Mji Mpya' no distrito urbano de Morogoro

"Podemos ver por nós próprios a situação real no terreno e tomar as medidas adequadas."- Extensionista de 'Boma' Ward no distrito urbano de Morogoro

Através de diálogos presenciais, podemos efetuar demonstrações práticas (na exploração) para que os criadores de gado compreendam melhor. "- Extensionista de 'Bunju' Ward no distrito de Kinondoni

Alguns dos extensionistas disseram que os diálogos face a face eram eficazes devido ao facto de os diálogos lhes permitirem compreender melhor os criadores de gado através das expressões faciais.

Apesar da eficácia dos diálogos face a face, alguns extensionistas queixaram-se de que os diálogos eram ineficazes. Uma das razões apontadas foi que os diálogos face-a-face exigem que os extensionistas percorram longas distâncias para visitar os criadores de gado. Isto dificultou o papel dos serviços de extensão na disseminação de informação através dos diálogos face-a-face porque alguns dos criadores de gado viviam longe e os extensionistas não dispunham de meios de transporte; a maioria dos extensionistas era forçada a caminhar ou a usar os seus próprios meios de transporte para chegar aos criadores de gado. Uma outra razão para a ineficácia dos diálogos face-a-face foi o número reduzido de extensionistas, o que afectou grandemente os serviços de extensão, porque apenas alguns criadores de gado podem ser atendidos, dependendo da conveniência dos extensionistas (ou seja, apenas os criadores de gado que se encontravam perto dos serviços de extensão eram atendidos).

ii) Reuniões/seminários

Outra fonte de informação que os extensionistas utilizaram para aceder e disseminar informação aos criadores de gado foram os encontros e seminários. De vez em quando, o governo e/ou as organizações não governamentais realizavam reuniões e seminários com o objetivo de educar os criadores de gado sobre várias questões relacionadas com as boas práticas de criação de gado. As reuniões e os seminários foram considerados menos eficazes porque os criadores de gado eram expostos a muito poucos seminários e reuniões (uma vez em cada dois ou três anos) de tal modo que não beneficiavam muito deles. Alguns dos criadores de gado nunca tinham sido expostos a tais seminários.

iii) Cartas/memorandos

Alguns extensionistas mencionaram cartas ou memorandos como outra forma que utilizavam para comunicar e disseminar informação aos criadores de gado. Este método não foi utilizado com frequência, provavelmente por ser um dos métodos mais antigos de comunicação. Foi dito que era ineficaz porque não era suficientemente rápido para transmitir a informação atempadamente, daí não ser utilizado por muitos extensionistas.

4.5 Utilização de diferentes TIC no acesso à informação sobre o gado

Como se afirma no enunciado do problema deste estudo, não há provas claras em comunidades urbanas específicas sobre a forma como os criadores de gado urbanos utilizam e beneficiam das TIC. O terceiro objetivo específico deste estudo pretendia conhecer as percepções dos criadores de gado sobre a utilização e a importância das diferentes TIC no acesso à informação sobre o gado. A primeira pergunta que foi feita aos inquiridos para cumprir este objetivo foi se utilizavam alguma das TIC para aceder a informações sobre o gado. Os resultados deste estudo são apresentados no Quadro 14.

Quadro 14: Utilização das TIC no acesso a informações sobre o gado

N=152 (Kinondoni), N=102 (Morogoro urbano), N=254 (Global)

Utilização das TIC	Kinondoni		Morogoro urbano		Em geral	
	Freq.	%	Freq.	%	Freq.	%
Sim	144	94.7	95	93.1	239	94.1
Não	8	5.3	7	6.9	15	5.9

Fonte: Inquérito de campo, 2011

Como se indica no Quadro 14, a maioria dos inquiridos 239 (94,1%) admitiu ter utilizado pelo menos uma das TIC para aceder a informação sobre o gado, em oposição a 15 inquiridos (5,9%) que não utilizaram nenhuma das TIC para aceder a informação sobre o gado. Os resultados indicam ainda que 144 dos inquiridos em Kinondoni (94,7%) utilizaram as TIC, contra 95 (93,1%) no distrito urbano de Morogoro. Isto deveu-se provavelmente à infraestrutura de TIC relativamente bem desenvolvida em Kinondoni, em comparação com o distrito urbano de Morogoro, ou ao facto de muitos inquiridos neste estudo serem do distrito de Kinondoni. Apenas 15 (5,9%) inquiridos não utilizaram nenhuma das TIC e 7 (6,9%) destes eram do distrito urbano de Morogoro, enquanto 8 (6,1%) eram do distrito de Kinondoni. Estes resultados revelaram que as TIC estão a ser utilizadas por muitos criadores de gado nas zonas urbanas para aceder a informações sobre o gado, embora a principal razão para a aquisição de TIC tenha sido para fins de comunicação (para telemóveis e Internet), notícias e entretenimento (para rádio e televisão). Isto é uma indicação de que os criadores de gado das zonas urbanas podem agora estar mais informados se fizerem uma utilização adequada das TIC para acederem à informação sobre o gado. Isto pode ser feito através da obtenção de conselhos ou ajuda de veterinários e/ou extensionistas através de telemóveis, rádio, televisão e Internet. Como resultado, isto pode levar à rápida resolução de problemas e, consequentemente, à melhoria das práticas de criação de gado urbano.

De acordo com o quadro concetual deste estudo, as TIC são canais através dos quais a informação sobre o gado chega aos criadores de gado. Os resultados revelam que os criadores de gado mencionam diferentes tipos de TIC, incluindo a rádio, a televisão, o telemóvel e a Internet. A maioria dos criadores de gado utiliza pelo menos uma das TIC, enquanto alguns utilizam mais do que um tipo de TIC e muito poucos criadores de gado utilizam todos os tipos de TIC para aceder à informação sobre o gado. Estas TIC são utilizadas em diferentes níveis pelos inquiridos em cada um dos dois distritos. A Tabela 15 mostra o número de inquiridos que usam cada uma das TIC nos dois distritos.

Quadro 15: Tipos de TIC utilizados pelos criadores de gado urbanos.

N=152 (Kinondoni), N=102 (Morogoro urbano), N=254 (Global)

Tipo de TIC utilizadas	Kinondoni		Morogoro urbano		Em geral	
	Freq.	%	Freq.	%	Freq.	%
Telemóvel	141	92.8	93	91.2	234	92.1
Televisão	37	24.3	30	29.4	67	24.6
Rádio	19	12.5	36	35.3	55	21.7
Internet	5	3.3	1	1. 0	6	2.4

Fonte: Inquérito de campo, 2011

Os resultados acima indicam que a maioria dos criadores de gado (234) utilizava telemóveis (92,1%). Isto mostra que os inquiridos em Kinondoni (92,8%) utilizavam telemóveis um pouco mais do que os inquiridos na zona urbana de Morogoro (91,2%). Outro tipo de TIC que foi mencionado pelos inquiridos foi a televisão (24,4%). Esta foi mais vista pelos inquiridos da zona urbana de Morogoro (29,4%) do que pelos inquiridos de Kinondoni (24,3%). A rádio também foi mais mencionada pelos inquiridos da zona urbana de Morogoro (35,3%) do que pelos inquiridos de Kinondoni (12,5%). A Internet foi utilizada pelo menor número de inquiridos, 6 (2,4%). Os inquiridos que utilizaram a Internet foram mais em Kinondoni 5 (3,3%) do que no distrito urbano de Morogoro 1 (1,0%).

Adejo e Haruna (2010) classificaram as TIC em TIC convencionais (rádio, televisão) e TIC contemporâneas (telefones, computador/internet). Estes resultados significam que o telemóvel e a Internet (TIC contemporâneas) são mais utilizados pelos inquiridos em Kinondoni do que a rádio e a televisão (TIC convencionais), que são mais utilizadas pelos inquiridos nos distritos urbanos de Morogoro. Isto pode provavelmente dever-se ao facto de os inquiridos em Dar es Salaam estarem mais ocupados com outras actividades económicas, pelo que podem não ter tempo para ver televisão e ouvir programas de rádio sobre pecuária. Os criadores de gado do distrito de Kinondoni também podem desconhecer a importância dos programas sobre pecuária ou podem não ter tido conhecimento dos programas sobre pecuária na rádio e na televisão. A infraestrutura de TIC bem desenvolvida em Kinondoni pode ser a razão pela qual os telemóveis e a Internet são mais utilizados pelos inquiridos em Kinondoni.

Os criadores de gado explicaram como utilizavam os diferentes tipos de TIC para aceder à informação sobre o gado, a utilidade de cada uma das TIC na criação de gado e as razões pelas quais não utilizavam algumas ou todas as TIC. Como indicado no quadro concetual deste estudo, uma vez conhecidos os canais de informação (TIC) utilizados pelos criadores de gado urbanos, é feita uma avaliação dos canais para saber como as TIC são utilizadas para aceder à informação sobre o gado. A secção seguinte discutirá a forma como os diferentes tipos de TIC são utilizados pelos criadores de gado urbanos para aceder à informação sobre o gado e as percepções dos criadores de gado sobre cada uma das TIC. Também se discutem as razões pelas quais alguns tipos de TIC não são utilizados por alguns dos inquiridos para aceder à informação sobre o gado.

4.5.1 Utilização da rádio para aceder a informações sobre o gado

Pediu-se aos inquiridos que explicassem como utilizavam as suas rádios para aceder a informações sobre a pecuária. Primeiro, foi-lhes pedido que mencionassem quaisquer programas sobre pecuária que conhecessem e a frequência com que ouviam esses programas. Foram mencionados vários programas de rádio. Os programas de rádio incluíam; 'Mfugaji wa Kisasa' (TBC Taifa), que era ouvido por 41 dos 55 (74,5%) dos inquiridos, 'PADEP' (TBC Taifa) que era ouvido por 19 dos 55 (34,5%) dos inquiridos e 'Inuka' (Radio Free Africa) que era ouvido por 12 dos 55 (21,8%) dos inquiridos.

Entre os programas de rádio mencionados, verificou-se que o programa 'Mfugaji wa Kisasa' era ouvido frequentemente por apenas 18 dos 41 (43,9%) inquiridos, o programa 'PADEP' era ouvido frequentemente por apenas 3 dos 19 (15,8%) inquiridos e o programa 'inuka' era ouvido frequentemente por apenas 1 dos 12 (8,3%) inquiridos. Os inquiridos que tinham ouvido os programas com menos frequência eram mais (isto é, 51,2% para 'mfugaji wa kisasa', 42,1% para PADEP e 50,0% para Inuka) do que aqueles que tinham visto os programas com frequência. Os inquiridos que nunca tinham ouvido alguns destes programas eram também relativamente numerosos (isto é, 42,1% para o PADEP e 41,7% para o Inuka) em comparação com os que tinham ouvido os programas frequentemente. A Tabela 16 mostra os diferentes programas de rádio que foram ouvidos pelos criadores de gado e a frequência com que ouviram cada um dos programas.

Quadro 16: Programas de rádio ouvidos pelos criadores de gado urbanos

Programa de rádio		Frequência de audição					
		Frequentemente		Menos frequentemente		Nunca vi	
		Freq.	%	Freq.	%	Freq.	%
Mfugaji wa kisasa	N= 41	18	43.9	21	51.2	2	4.9
PADEP	N= 19	3	15.8	8	42.1	8	42.1
Inuka	N= 12	1	8.3	6	50.0	5	41.7

Fonte: Inquérito de campo, 2011

A partir destes resultados, pode concluir-se que estes programas de rádio não são ouvidos frequentemente pelos criadores de gado. A maioria destes programas é ouvida com menos frequência e alguns deles nunca foram ouvidos pelos inquiridos. Isto pode dever-se a muitas razões, incluindo a falta de conhecimento da existência de tais programas, a falta de tempo para os ouvir e a falta de interesse ou ignorância sobre a importância de tais programas na criação de gado (como se verá em discussões posteriores). Como implicação política, os meios de radiodifusão devem garantir que os programas de rádio são benéficos para o público a que se destinam e devem tomar as medidas necessárias para melhorar os programas de modo a que o público a que se destinam beneficie dos mesmos. Uma implicação política semelhante foi afirmada por Nazari e Abu (2010), que sugeriram que, uma vez que a rádio desempenha um papel mais importante na educação pública, os produtores devem estar familiarizados com as mais recentes e mais recentes estruturas de programas para poderem satisfazer as necessidades das pessoas, empregando métodos apelativos.

4.5.1.1 Percepções dos criadores de gado sobre a utilização da rádio

Os inquiridos que ouviam programas de rádio sobre a criação de gado foram depois questionados sobre se os programas forneciam alguma informação útil sobre a criação de gado. Os resultados desta pergunta são apresentados no Quadro 17.

Quadro 17: Utilidade dos programas de rádio sobre a criação de gado

N=254

Utilidade dos programas de rádio sobre a criação de gado		ouvir programas de criação de gado na rádio			Total
		Sim	Não	Não aplicável	
Muito útil	Contagem	27	0	0	27
	% dentro da utilidade	(49.1%)	(.0%)	(.0%)	(10.6%)
Satisfatório	Contagem	24	0	0	24
	% dentro da utilidade	(43.6%)	(.0%)	(.0%)	(9.4%)
Não é útil	Contagem	1	1	0	2
	% dentro da utilidade	(1.8%)	(.5%)	(.0%)	(.8%)
Não aplicável	Contagem	3 (5.5%)	189	9	201
	% dentro da utilidade		(99.5%)	(100.0%)	(79.1%)
Total	Contagem	55	190	9	254
	% dentro da utilidade	(100.0%)	(100.0%)	(100.0%)	(100.0%)

Fonte: Inquérito de campo, 2011

A Tabela 17 mostra que um total de 27 dos 55 inquiridos (49,1%) concordaram que os programas eram muito úteis, enquanto 24 (43,6%) disseram que eram satisfatórios. Muito poucos (1,8%) inquiridos disseram que os programas não eram de todo úteis e um total de 201 dos 254 inquiridos (79,1%) não responderam à pergunta, tendo sido classificados como "Não aplicável". Pediu-se então aos inquiridos que explicassem por que razão os programas de rádio eram úteis, satisfatórios ou inúteis. As explicações dadas são apresentadas no Quadro 18.

Quadro 18: Percepções dos criadores de gado sobre os programas de rádio

N=254

Percepções sobre os programas de rádio relativos à criação de gado		Utilidade dos programas de rádio na criação de gado				Total
		Muito útil	Satisfatório	Não é útil	Não aplicável	
Muitos conselhos	Contagem	27	2	0	0	29
	% dentro da perceção	(100.0%)	(8.3%)	(.0%)	(.0%)	(11.4%)
Aconselhamento técnico insuficiente	Contagem	0	8	0	0	8
	% dentro da perceção	(.0%)	(33.3%)	(.0%)	(.0%)	(3.1%)
Falta de tempo	Contagem	0	12	1	0	13
	% dentro da perceção	(.0%)	(50.0%)	(50.0%)	(.0%)	(5.1%)
Os programas de rádio são tendenciosos	Contagem	0	2	0	6	8
	% dentro da perceção	(.0%)	(8.3%)	(.0%)	(3.0%)	(3.1%)
Não aplicável	Contagem	0	0	1	195	196
	% dentro da perceção	(.0%)	(.0%)	(50.0%)	(97.0%)	(77.2%)
Total	Contagem	27	24	2	201	254

	% dentro da perceção	(100.0%)	(100.0%)	(100.0%)	(100.0%)	(100.0%)

Fonte: Inquérito de campo, 2011

Como indicado no Quadro 18, os resultados mostram que 27 inquiridos (100%) admitiram que os programas de rádio eram muito úteis porque ofereciam muitos conselhos sobre práticas de criação de animais. Alguns destes inquiridos admitiram que tinham posto em prática o que tinham aprendido nos programas e que tinham beneficiado com a melhoria das suas práticas de criação de animais. Embora a maioria dos inquiridos que responderam à pergunta tenha dito que os programas de rádio eram úteis, alguns deles (33,3%) disseram que os programas eram satisfatórios porque não ofereciam conselhos técnicos suficientes. Outros 12 dos 24 inquiridos (50,0%) queixaram-se de que os programas eram satisfatórios porque não tinham tempo suficiente para ouvir rádio e acompanhar os programas devido aos seus horários apertados. Muito poucos destes inquiridos (8.3%) queixaram-se de que os programas de rádio eram tendenciosos para apenas alguns animais e, portanto, nem todos os criadores de gado beneficiavam dos programas.

Estes resultados são uma indicação de que os programas de rádio sobre a criação de gado são muito importantes para os criadores de gado, apesar do facto de apenas alguns criadores de gado terem acesso aos programas. Os programas de rádio são úteis porque alguns dos criadores de gado admitiram que poderiam beneficiar dos programas, apesar do facto de o tempo ser uma limitação para ouvir os programas. Isto significa que os programas de rádio poderiam ser muito benéficos para os criadores de gado se apenas os programas pudessem ser acedidos por muitos ou todos os criadores de gado. Estes programas poderiam levar ao acesso a informação relevante que poderia ajudar os criadores de gado a melhorar as suas práticas, aumentando assim o seu rendimento e reduzindo a pobreza. Se estes programas fossem publicitados e os seus horários de emissão melhorados, mais criadores de gado poderiam beneficiar dos programas. Os meios de comunicação social e os produtores de programas são, portanto, responsáveis por assegurar que sejam introduzidos mais programas sobre gado e que os programas sejam publicitados com frequência, a fim de aumentar a sensibilização dos criadores de gado para a existência e a importância destes programas. Yahaya e Badiru (2002) também recomendam que se façam mais esforços para publicitar os programas de rádio, de modo a aumentar o acesso a informação agrícola relevante.

4.5.1.2 Razões para não utilizar a rádio para aceder a informações sobre o gado

Aos inquiridos que não ouviam os programas de rádio foi pedido que indicassem as razões pelas quais não ouviam os programas e os resultados são apresentados no Quadro 19.

Quadro 19: Razões para não ouvir os programadores de rádio de gado

N=190

Razões para não ouvir os programas	Frequência	Percentagem (%)
Não há tempo para ouvir os programas	90	47.4
Não tem conhecimento dos programas de rádio	82	43.2
Não tem conhecimento dos horários dos programas	59	31.1
Os programas não são úteis	4	2.1

Fonte: Inquérito de campo, 2011

Os resultados da Tabela 19 mostram que dos 190 inquiridos que não ouviam programas de rádio, 90 dos inquiridos (47,4%) afirmaram que não tinham tempo para ouvir os programas de rádio porque estavam ocupados com outras actividades durante o dia e por isso não podiam ouvir os programas. 82 inquiridos (43,2%) afirmaram que não ouviam os programas porque não tinham conhecimento da existência dos mesmos. Estes inquiridos queixaram-se de que os programas não estavam a ser publicitados, razão pela qual não tinham conhecimento dos programas. Um total de 59 dos 190 inquiridos (31,1%) afirmaram que não tinham conhecimento dos horários dos programas, pelo que não podiam ouvir os programas por não saberem quando eram transmitidos. Muito poucos inquiridos (2,1%) afirmaram que não ouviam os programas porque não os consideravam úteis.

Apesar do facto de a maioria dos criadores de gado das zonas urbanas e periurbanas possuir rádios, os resultados deste estudo revelaram que os rádios são utilizados por poucos criadores de gado para acederem a informações sobre o gado, sendo utilizados principalmente para acederem a informações sobre entretenimento, notícias e outros fins sociais. Isto é uma indicação de que a maioria dos criadores de gado urbanos e peri-urbanos ainda não tem consciência de que pode usar os seus rádios para aceder a informações importantes sobre a criação de gado. A falta de tempo para aceder aos programas de rádio sobre a criação de gado e o desconhecimento da existência desses programas são também razões para não ouvir os programas de rádio sobre a criação de gado. Os criadores de gado precisam, portanto, de ser informados sobre a existência e a importância dos programas e sensibilizados (através dos serviços de extensão e da publicidade) para usarem a rádio para acederem a informação que os pode ajudar a melhorar as suas práticas de criação de gado.

4.5.2 Utilização da televisão para aceder a informações sobre o gado

Pediu-se aos inquiridos que mencionassem os programas de televisão sobre pecuária que viam. 67 dos 254 inquiridos (ver Quadro 15) viam diferentes programas de televisão sobre pecuária, incluindo; 'MfUgaji wa Kisasa' (TBC one) que foi visto por 33 dos 67 (49,3%) inquiridos, PADEP que foi visto por 30 dos 67 (44,8%), 'Kilimo cha Kisasa' (StarTV) que foi mencionado por 9 dos 67 (13,4%) dos inquiridos e os programas de TV da SUA que foram mencionados por 2 dos 67 (3,0%) dos inquiridos. Foi então pedido aos inquiridos que indicassem a frequência com que assistem a cada um dos programas de televisão. Os resultados são apresentados no Quadro 20.

Quadro 20: Programas de televisão vistos pelos criadores de gado urbanos

Programa de televisão		Frequência de visionamento de programas de televisão					
		Frequentemente		Menos frequentemente		Nunca vi	
		Freq.	%	Freq.	%	Freq.	%
Mfugaji wa kisasa	N= 33	19	57.6	13	39.4	1	3.0
PADEP	N=30	20	66.7	9	30.0	1	3.3
Kilimo cha kisasa	N= 9	7	77.8	2	22.2	0	0.0
SUA TV	N= 2	2	100	-	-	0	0.0

Fonte: Inquérito de campo, 2011

Os resultados da Tabela 20 indicam que o programa 'Mfugaji wa kisasa' (TBC one) foi visto frequentemente por 19 dos 33 inquiridos (57,6%), o PADEP foi visto frequentemente por 30 dos 30 inquiridos (66,7%) e o programa 'Kilimo cha Kisasa' foi visto frequentemente por 7 dos 9 inquiridos (77,8%). Estes programas de televisão foram vistos com menos frequência por 39,4% dos inquiridos para o 'Mfugaji wa Kisasa', 30,0% para o PADEP e 22,2% para o 'Kilimo cha Kisasa'. Os programas da SUA TV foram vistos apenas pelos inquiridos em Morogoro e não pelos de Kinondoni porque a SUA TV é um canal local em Morogoro e só podia ser visto pelos residentes de Morogoro. Estes resultados mostram que os criadores de gado urbanos têm mais acesso a informações sobre o gado através de programas de televisão do que através de programas de rádio.

4.5.2.1 Percepções dos criadores de gado sobre a utilização da televisão

Os inquiridos foram depois questionados sobre a utilidade dos programas de televisão para a sua prática de criação de gado. Os resultados deste estudo, apresentados no Quadro 21, indicam que, dos 67 inquiridos que viram os programas de televisão, 46 (68,7%) inquiridos admitiram que os programas foram muito úteis. 18 dos 67 (26,9%) inquiridos disseram que os programas eram satisfatórios e um dos 67 (1,5%) inquiridos respondeu que os programas não lhes eram úteis. Estes resultados indicam que os programas de televisão sobre pecuária são muito úteis para os criadores de gado urbanos, porque os criadores de gado adquirem conhecimentos através dos programas.

Quadro 21: Utilidade dos programas de televisão

N=254

Utilidade dos programas de televisão sobre a criação de gado		Assistir a programas sobre gado na televisão			Total
		Sim	Não	Não aplicável	
Muito útil	Contagem	46	0	0	46
	% dentro da utilidade	(68.7%)	(.0%)	(.0%)	(18.1%)
Satisfatório	Contagem	18	0	0	18
	% dentro da utilidade	(26.9%)	(.0%)	(.0%)	(7.1%)
Não é útil	Contagem	1	0	1	2
	% dentro da utilidade	(1.5%)	(.0%)	(9.1%)	(.8%)
Não aplicável	Contagem	2	176	10	188
	% dentro da utilidade	(3.0%)	(100.0%)	(90.9%)	(74.0%)
Total	Contagem	67	176	11	254
	% dentro da utilidade	(100.0%)	(100.0%)	(100.0%)	(100.0%)

Fonte: Inquérito de campo, 2011

Quando lhes foi pedido que explicassem as suas respostas, 44 dos 46 inquiridos (95,7%) admitiram que os programas de televisão eram muito úteis porque ofereciam muitos conselhos técnicos aos criadores de gado e um dos 46 inquiridos

(2,2%) disse que os programas eram importantes porque as lições eram dadas através de demonstrações e, por isso, eram facilmente compreendidas. Alguns dos inquiridos (18 em 254) afirmaram que os programas eram satisfatórios. Os resultados mostram que 11 em 18 destes inquiridos (61,1%) explicaram que os programas de televisão eram satisfatórios porque os inquiridos não tinham um acompanhamento frequente dos programas. Quatro dos 18 inquiridos (22,2%) afirmaram que os programas eram satisfatórios porque os inquiridos não tinham tempo para ver os programas. Alguns poucos (três em 18) inquiridos (16,7%) afirmaram que os programas eram satisfatórios porque mostravam equipamento complicado e caro, pelo que não podiam ser aplicados no nosso meio. Muito poucos (dois em 254) inquiridos queixaram-se de que os programas de televisão não eram de todo úteis. Estes inquiridos afirmaram que não tinham tempo para acompanhar frequentemente os programas, pelo que não beneficiaram deles. Estes resultados são apresentados no Quadro 22.

Quadro 22: Percepções sobre a utilidade dos programas televisivos de criação de gado

N=254

Percepções sobre os programas televisivos relativos à criação de gado		**Utilidade dos programas de televisão sobre a criação de gado**				Total
		Muito útil	Satisfatório	Não é útil	Não aplicável	
Recebo muitos conselhos técnicos	Contagem %	44 (95.7%)	0 (.0%)	0 (.0%)	1 (.5%)	45 (17.7%)
As aulas são por demonstrações	Contagem %	1 (2.2%)	0 (.0%)	0 (.0%)	0 (.0%)	1 (.4%)
Sem acompanhamento frequente	Contagem %	1 (2.2%)	11 (61.1%)	1 (50.0%)	0 (.0%)	13 (5.1%)
Não há tempo para ver os programas	Contagem %	0 (.0%)	4 (22.2%)	0 (.0%)	4 (2.1%)	8 (3.1%)
Mostrar técnicas complicadas	Contagem %	0 (.0%)	3 (16.7%)	0 (.0%)	0 (.0%)	3 (1.2%)
Não aplicável	Contagem %	0 (.0%)	0 (.0%)	1 950.0%)	183 (97.3%)	184 (72.4%)
Total	Contagem %	46 (100.0%)	18 (100.0%)	2 (100.0%)	188 (100.0%)	254 (100.0%)

Fonte: Inquérito de campo, 2011

A partir dos resultados acima, pode concluir-se que, embora a maioria dos inquiridos tenha afirmado que os programas de televisão são muito úteis, muitos criadores de gado não os vêem devido à falta de tempo para os ver. Esta é também uma implicação política para os organismos competentes, que devem aumentar o número de programas sobre pecuária e a frequência de transmissão, de modo a que muitos criadores de gado possam ver e acompanhar os programas.

4.5.2.2 Razões para não utilizar a televisão para aceder a informações sobre o gado

Foi pedido aos inquiridos que não viram os programas televisivos sobre pecuária que indicassem as razões pelas quais não viram os programas e os resultados são apresentados no Quadro 23.

Quadro 23: Razões para não assistir a programas televisivos sobre pecuária

N= 176

Motivo para não ver televisão	Frequência	Percentagem (%)
Não há tempo para ver os programas	81	46.0
Não tem conhecimento dos programas	63	35.8
Não tem conhecimento dos horários dos programas	54	30.7
Sem eletricidade	19	10.8
Sem televisão	10	5.7
Sem antena parabólica	2	1.1
Programas inúteis	2	1.1

Fonte: Inquérito de campo, 2011

Como mostra a Tabela 23, os inquiridos mencionaram várias razões. 81 dos 176 inquiridos (46,0%) deram a razão de que não tinham tempo para ver os programas de televisão por estarem ocupados com muitas outras actividades socioeconómicas. Outra razão para não ver os programas foi o desconhecimento da existência dos programas televisivos sobre pecuária, uma razão dada por 63 dos 176 (35,8%) inquiridos. Outros 54 dos 176 (30,7%) inquiridos deram como razão para não verem os programas o facto de não saberem a hora a que os programas de televisão são transmitidos. 10,8% dos inquiridos disseram que não tinham eletricidade nas suas casas, razão pela qual não viam os programas, enquanto outros (5,7%) disseram que não tinham televisão. Alguns criadores de gado (1,1%) queixaram-se da falta de antenas parabólicas como razão para não terem acesso a alguns dos canais, por exemplo, o TBC, que transmitia os programas, e outros

(1,1%) afirmaram que não viam os programas sobre gado porque estes não lhes eram úteis.

Estes resultados mostram que muitos criadores de gado urbanos não vêem os programas de televisão porque estão ocupados com outras actividades económicas durante o dia e não têm tempo para ver os programas, a maior parte dos quais são exibidos durante o dia. Muitos criadores de gado urbanos também não tinham conhecimento dos programas sobre gado e dos seus horários de emissão. Esta situação poderia ser melhorada aumentando a frequência da publicidade dos programas, de modo a sensibilizar os inquiridos para a existência dos programas, ao contrário da situação atual, em que estes programas são anunciados apenas de vez em quando. Os horários dos programas também devem ser melhorados e devem ser exibidos à noite ou durante os fins-de-semana, para que os criadores de gado possam ver os programas e beneficiar deles. Hassan *et al.* (2011) enfatiza que se os programas de televisão (e rádio) precisam de ser usados como canais eficazes para a disseminação de informação agrícola, devem ser feitos esforços para garantir que os horários de transmissão são adequados. Isto é apoiado por Chhachhar *et al.* (2012), que salienta que muitos agricultores preferem ver programas relacionados com a agricultura à noite porque trabalham nos campos durante o dia e, portanto, a hora da noite é boa e adequada para ver esses programas na televisão.

4.5.3 Utilização do telemóvel para aceder a informações sobre o gado

Também foi pedido aos inquiridos que mencionassem a forma como utilizavam os telemóveis e a frequência de cada utilização. Verificou-se que os inquiridos utilizavam os seus telemóveis de diferentes formas. Os resultados mostram que dos 234 inquiridos que utilizaram os telemóveis para aceder a informações sobre o gado, 210 (89,7%) utilizaram os telemóveis para telefonar ou comunicar com os veterinários/agentes de extensão. 121 dos 234 (51,7%) dos inquiridos utilizaram os seus telemóveis para trocar ideias ou comunicar com os clientes. 79 de 234 (39,8%) dos inquiridos utilizaram os seus telemóveis para comunicar com outros criadores de gado, enquanto 5 de 234 (5,1%) inquiridos utilizaram os seus telemóveis para obter pintos e os restantes 10 de 234 (4,3%) garantiram rações através dos seus telemóveis.

Estes resultados são uma indicação de que muitos criadores de gado utilizam os seus telemóveis de diferentes formas nas suas práticas de criação de gado. Os criadores de gado urbanos beneficiam dos seus telemóveis na medida em que podem facilmente obter informações relevantes ou conselhos de veterinários ou extensionistas. Os criadores de gado urbanos também podem comunicar com os seus clientes e trocar ideias com os seus colegas criadores de gado. Os criadores de gado também podem obter pintos e rações através dos seus telemóveis, podendo telefonar e fazer encomendas, o que significa que as suas necessidades são satisfeitas através dos seus telemóveis. Foi então pedido aos inquiridos que indicassem a frequência de cada utilização dos seus telemóveis e os resultados são apresentados na Tabela 24.

Quadro 24: Utilização de telemóveis pelos criadores de gado urbanos

Utilizações do telemóvel		Frequência de utilização do telemóvel					
		Frequentemente		Menos frequentemente		Menos frequente	
		Freq.	%	Freq.	%	Freq.	%
Telefonar aos extensionistas	N= 210	200	95.2	4	1.9	6	2.9
Comunicação com os clientes	N=121	101	83.5	13	10.7	7	5.8
Comunicação com os bolseiros	N= 79	51	64.6	17	21.5	9	11.4
Comprar alimentos para animais	N= 10	10	100	-	-	-	-
Compra de pintos	N=5	5	100	-	-	-	-

Fonte: Inquérito de campo, 2011

Conforme apresentado na Tabela 24, verificou-se que 200 dos 210 (95.2%) inquiridos utilizavam frequentemente os seus telemóveis para comunicar com os veterinários ou extensionistas. Seguiram-se 101 dos 121 (83.5%) dos inquiridos que usavam frequentemente os seus telemóveis para comunicar com os seus clientes e 51 dos 79 (64.6%) inquiridos que usavam frequentemente os seus telemóveis para comunicar com os seus colegas criadores de gado. Outros inquiridos utilizaram frequentemente os seus telemóveis para assegurar pintos e rações. Os telemóveis foram usados com menos frequência por alguns inquiridos para comunicar com os extensionistas (1,9%), para comunicar com os clientes (10,7%) e para comunicar com outros criadores de gado (21,5%). Isto é uma indicação de que os telemóveis são muito importantes para os criadores de gado urbanos, de muitas formas que foram discutidas. Este resultado implica que a maioria dos criadores de gado urbanos dificilmente pode passar sem telemóveis nas suas práticas de criação de gado.

4.5.3.1 Percepções dos criadores de gado sobre a utilização de telemóveis

Foi perguntado aos inquiridos que utilizavam telemóveis se os telemóveis eram importantes para eles na sua prática de criação de gado. Também lhes foi pedido que explicassem as razões pelas quais achavam que os telemóveis eram úteis ou não. Os resultados apresentados no Quadro 25 indicam que todos os 234 inquiridos (100%) que utilizaram telemóveis para aceder a informações sobre os animais concordaram que o telemóvel era importante para eles. 1 em cada 10 (10%) inquiridos que não usavam telemóveis para aceder a informações sobre o gado disse que o telemóvel não era importante na prática da criação de gado, enquanto 19 dos 254 (7,5%) inquiridos não responderam à pergunta. Foi então pedido aos inquiridos que dessem as razões pelas quais achavam que os telemóveis eram importantes para eles. 199 dos 234 inquiridos (85.0%) admitiram que os telemóveis lhes permitiam comunicar facilmente com veterinários, extensionistas, clientes e outros criadores de gado. 22 dos 234 inquiridos (9,4%) afirmaram que os telemóveis lhes permitiam obter facilmente alimentos, pintos e mercados. 10 dos 234 inquiridos (4,3%) disseram que os telemóveis lhes permitiram resolver rapidamente os problemas relacionados com a criação de gado e 3 dos 234 inquiridos (1,3%) explicaram que os telemóveis lhes permitiram poupar tempo e custos.

Tabela 25: Importância dos telemóveis no acesso à informação sobre o gado N=234

Explicação da importância do telemóvel na criação de gado		Importância do telemóvel na criação de gado			Total
		Sim	Não	Não aplicável	
Comunicação fácil	Contagem %	199 (85.0%)	0 (.0%)	0 (.0%)	199 (78.3%)
Fácil disponibilidade de alimentos para animais, pintos e mercados	Contagem %	22 (9.4%)	0 (.0%)	0 (.0%)	22 (8.7%)
Resolução rápida de problemas	Contagem %	10 (4.3%)	0 (.0%)	2 (10.5%)	12 (4.7%)
Poupar tempo e dinheiro	Contagem	3	0	0	3

	%	(1.3%)	(.0%)	(.0%)	(1.2%)
Não aplicável	Contagem	0	1	17	18
	%	(.0%)	(100.0%)	(89.5%)	(7.1%)
Total	Contagem	234	1	19	254
	%	(100.0%)	(100.0%)	(100.0%)	(100.0%)

Fonte: Inquérito de campo, 2011

4.5.3.2 Razões para não utilizar telemóveis para aceder a informações sobre o gado

Os resultados deste estudo mostraram que apenas 10 dos 254 (3,9%) inquiridos não utilizaram os seus telemóveis para aceder a informações sobre o gado. Estes inquiridos afirmaram que utilizavam os seus telemóveis para outras actividades, incluindo a facilitação do cultivo das suas culturas, negócios e outras actividades sociais. As observações deste estudo revelaram que quase todos os inquiridos que não utilizavam telemóveis também não utilizavam nenhuma das outras TIC. As observações também revelaram que a maioria dos inquiridos que não usavam telemóveis para aceder a informações sobre o gado pertenciam a um ou mais dos seguintes grupos;

i) jovem (menos de 30 anos)

ii) menos experiência na criação de gado (principiantes)

iii) muito idoso (mais de 60 anos)

iv) analfabeto.

Os resultados deste estudo também revelaram que, apesar de muito poucos inquiridos não utilizarem telemóveis para aceder a informações sobre o gado, a maioria destes inquiridos admitiu que os telemóveis eram importantes porque facilitavam a sua comunicação.

4.5.4 Utilização da Internet para aceder a informações sobre o gado

A Internet foi utilizada por apenas 6 dos 254 inquiridos (2,4%) para aceder a informações sobre os animais (ver quadro 15). Dos 6 inquiridos que utilizaram a Internet, apenas 1 (16,7%) inquirido utilizou a Internet para enviar e receber e-mails com informações sobre os animais. Todos os 6 inquiridos (100%) utilizaram a Internet para procurar informações relevantes sobre a criação de animais e não houve nenhum inquirido que utilizasse a Internet para partilhar ideias sobre a criação de animais com colegas. Os resultados apresentados na Tabela 26 mostram que 1 inquirido utiliza frequentemente a Internet para trocar mensagens de correio eletrónico com os extensionistas. 4 em cada 6 (66,7%) utilizavam a Internet frequentemente para procurar informação relevante e 2 em cada 6 (33,3%) utilizavam a Internet com menos frequência para procurar informação relevante sobre a criação de gado.

Tabela 26: Utilização da Internet para aceder a informações sobre o gado

Utilizações da Internet		Frequência de utilização					
		Frequentemente		Menos frequentemente		Menos frequente	
		Freq.	%	Freq.	%	Freq.	%
Procurar	N=6	4	66.7	2	33.3	0	0.0
Correio eletrónico	N= 1	1	100	-	-	0	0.0
Partilhar	N=6	-	-	-	-	0	0.0

Fonte: Inquérito de campo, 2011

A partir destes resultados, pode concluir-se que os utilizadores da Internet são muito poucos em comparação com os utilizadores de outras TIC. Como se verá em discussões posteriores, a baixa utilização da Internet é, em grande medida, causada pela iliteracia informática e pela falta de conhecimentos de Internet entre os criadores de gado. Outros factores que contribuem para a baixa utilização da Internet podem ser o conteúdo local limitado e a utilização da língua inglesa (que é desconhecida para a maioria dos tanzanianos). Isto é apoiado por Isamuyo (2006) que afirma que o Swahili é a língua nacional oficial da maioria das tribos da Tanzânia, e mais de 95 por cento da população só sabe falar, ler e escrever em Swahili ou nas línguas tribais e, por isso, não consegue compreender a maioria dos conteúdos da Internet, mesmo que tenha acesso a ela. No entanto, a Internet é uma fonte muito boa de uma quantidade diversificada de informação sobre o gado, desde que os criadores de gado adquiram conhecimentos de TI que lhes permitam utilizar a Internet e aceder à informação.

4.5.4.1 Percepções dos criadores de gado sobre a utilização da Internet

Os resultados deste estudo revelaram que todos os inquiridos que utilizaram a

Internet admitiram que esta era muito útil para fornecer informações relevantes. Foi pedido aos inquiridos que não utilizavam a Internet que indicassem as razões pelas quais não a utilizavam. A Tabela 27 mostra que 205 dos 238 (86,1%) destes inquiridos não utilizaram a Internet porque não tinham conhecimentos de informática. Seguiram-se 14 de 238 (5,9%) dos inquiridos que tinham conhecimentos de informática mas não tinham conhecimentos para utilizar a Internet. Outros 14 inquiridos (5,9%) não tinham interesse em utilizar a Internet para procurar informações relevantes sobre gado, embora tivessem conhecimentos de Internet. Outras razões apontadas pelos inquiridos foram: falta de tempo para utilizar a Internet (3,8%), longas distâncias até aos cibercafés (2,9%), serviços de Internet caros (0,4%), desconhecimento da utilidade da Internet (0,4%) e falta de sítios Web relevantes para aceder a informações sobre o gado (1,3%). Estas constatações são apoiadas por Greenberg (2005), que também refere como algumas das razões para a não utilização da Internet o custo elevado das comunicações e a falta de competências como um dos principais obstáculos a uma utilização generalizada, para além da falta de fiabilidade da energia eléctrica.

Tabela 27: Razões para não utilizar a Internet

N=238

Motivo	Frequência	Percentagem (%)
Falta de conhecimentos informáticos	205	86.1
Falta de conhecimentos de Internet	14	5.9
Falta de interesse em utilizar a Internet	14	5.9
Falta de tempo	9	3.8
Longas distâncias até às instalações da Internet	7	2.9
Falta de sítios Web relevantes	3	1.3
A Internet não é útil	1	0.4
Serviços de Internet dispendiosos	1	0.4

Fonte: Inquérito de campo, 2011

As respostas das entrevistas revelaram que a maior parte dos extensionistas não possuía nem os conhecimentos básicos de informática nem as competências necessárias para utilizar a Internet. A maioria dos extensionistas não tinha endereços de correio eletrónico nem utilizava a Internet para procurar informação relevante sobre o gado. Alguns dos extensionistas com conhecimentos de Internet apenas utilizavam a Internet para trocar mensagens electrónicas com amigos. As observações deste estudo revelaram que não havia computadores em quase todos os gabinetes do governo para os extensionistas (com exceção de um gabinete em Morogoro- Bigwa Ward) e o computador não estava ligado à Internet. Os extensionistas tinham de sair dos seus gabinetes para obter os serviços de Internet. As observações também revelaram que existiam alguns cibercafés, a maioria dos quais localizados longe dos criadores de gado.

4.5.5 Razões para não utilizar quaisquer TIC para aceder a informações sobre o gado

Neste estudo, verificou-se que 15 dos 254 inquiridos (5,9%) não utilizavam as TIC para aceder a informações sobre o gado, mas utilizavam-nas para outros fins, como entretenimento, notícias e redes sociais. Foi pedido a estes inquiridos que indicassem as razões pelas quais não utilizavam nenhuma das TIC para aceder a informações sobre o gado, como mostra a Tabela 28.

Quadro 28: Razões para não utilizar as TIC na criação de gado

N=254

Razões para não utilizar as TIC na criação de gado		Utilização das TIC no acesso à informação sobre o gado		
		Sim	Não	Total
Utilizo a minha experiência na criação de gado	Contagem	4	2	6
	% dentro do razoável	(1.7%)	(13.3%)	(2.4%)
Estou próximo dos serviços de extensão	Contagem	0	3	3
	% dentro do razoável	(.0%)	(20.0%)	(1.2%)
Não considero as TIC úteis	Contagem	3	3	6
	% dentro do razoável	(1.3%)	(20.0%)	(2.4%)
Tenho alguns animais de criação	Contagem	0	5	5
	% dentro do razoável	(.0%)	(33.3%)	(2.0%)
Não aplicável	Contagem	232	2	234
	% dentro do razoável	(97.1%)	(13.3%)	(92.1%)
Total	Contagem	239	15	254
	% dentro do razoável	(100.0%)	(100.0%)	(100.0%)

Fonte: Inquérito de campo, 2011

Uma das razões apresentadas por dois dos 15 inquiridos (13,3%) que não utilizaram as TIC foi que utilizavam mais a experiência na criação de gado porque tinham criado gado durante muito tempo (10-20 anos) e, por isso, tinham adquirido muita experiência. Outra razão para não utilizar nenhuma das TIC foi o facto de alguns destes criadores de gado (20%) estarem perto dos serviços de extensão ou veterinários, pelo que não viam necessidade de utilizar as TIC porque podiam obter facilmente todos os conselhos e ajuda de que necessitavam. Outros inquiridos (20%) disseram que não utilizavam as TIC na criação de gado porque não as consideravam úteis. Alguns destes inquiridos (33,3%) disseram que não utilizavam as TIC porque tinham muito poucos animais e não viam necessidade de utilizar as TIC. Alguns dos inquiridos que utilizaram as TIC não beneficiaram delas no acesso à informação sobre o gado. Quatro dos 239 inquiridos (1,7%) justificaram que tinham experiência suficiente na criação de gado, pelo que não precisavam das TIC para aceder a informações sobre o gado. Outra razão apresentada por 1,3% dos inquiridos foi que não consideravam as TIC úteis para aceder a informações sobre o gado. Este facto pode ser explicado como ignorância sobre a importância das TIC no fornecimento de informações relevantes sobre o gado. Isto porque os inquiridos que utilizaram as TIC para aceder a informações sobre o gado tinham mais conhecimentos e estavam mais conscientes das melhores práticas de gestão do gado (devido à aprendizagem de novas competências e ideias a partir das TIC) do que aqueles que confiaram na experiência.

Estes resultados indicam que muito poucos criadores de gado não usaram qualquer TIC no acesso à informação sobre o gado, ao contrário da maioria que usou pelo menos uma das TIC. Alguns dos inquiridos que não utilizaram nenhuma das TIC estavam perto dos serviços de extensão onde podiam facilmente obter informação ou tinham muito poucos animais (principiantes) e por isso não utilizaram as TIC; isto pode dever-se ao desconhecimento da importância das TIC no acesso à informação sobre o gado. Outros criadores de gado não utilizaram as TIC para aceder a informação sobre o gado, alegando que tinham criado gado durante toda a sua vida e que, por isso, tinham experiência e não precisavam das TIC para obter qualquer informação. As TIC poderiam permitir a estes criadores de gado aprender novas práticas e ideias que poderiam ajudar a melhorar a prática da criação de gado. Isto porque os criadores de gado que utilizaram as TIC para aceder a informações sobre o gado admitiram ter aprendido muitas experiências novas que melhoraram as suas práticas de criação, em comparação com os criadores de gado que afirmaram não utilizar as TIC.

Ao realizar as entrevistas, os extensionistas foram questionados sobre as TICs que utilizavam para ter acesso e disseminar a informação sobre o gado. Os resultados revelaram que muitos extensionistas utilizaram a maioria das TICs, incluindo os telemóveis, a rádio e a televisão. Todos os extensionistas admitiram ter utilizado os telemóveis para comunicar com os criadores de gado. Os telemóveis foram usados com mais frequência em comparação com outros tipos de TICs. A rádio e a televisão foram usadas com menos frequência pela maioria dos extensionistas devido à falta de tempo para acompanhar os programas de gado. A Internet foi utilizada por muito poucos extensionistas, a maioria dos extensionistas nunca utilizou a Internet e as razões apresentadas foram a falta de conhecimentos informáticos, a falta de conhecimentos sobre como utilizar a Internet e a falta de tempo para aceder à Internet.

Durante as entrevistas em profundidade, quando questionados sobre a sua perceção da importância das TIC, todos os extensionistas admitiram que as TIC eram importantes porque permitiam uma comunicação fácil. A maioria dos extensionistas disse que os telemóveis poupam tempo e custos. Eles também admitiram que aprenderam muito com os programas de gado na rádio e puderam ver fisicamente e aprender com os programas de gado na televisão. Foi também perguntado aos extensionistas se preferiam as TIC a outras fontes de informação. Alguns extensionistas preferem utilizar as TIC, dizendo que elas são mais fáceis, mais baratas e mais rápidas do que outras fontes. Alguns dos extensionistas argumentaram que as TICs eram melhores do que outras fontes de informação (i.e. diálogos cara a cara e cartas/memorandos) porque serviam muitos criadores de gado ao mesmo tempo (isto aplica-se às TICs como a rádio, a televisão e a Internet). Um extensionista do Distrito de Kinondoni (Bairro de Mbweni) foi citado dizendo que;

"No entanto, a maioria dos extensionistas preferiu usar uma combinação das TICs e de outras fontes (por exemplo, diálogos presenciais). A razão mais comum que foi citada é citada abaixo;

"As TIC, por si só, não são suficientes para fornecer informações, uma vez que nem tudo pode ser feito por telefone."

Assim, os extensionistas preferiram integrar as TIC com outras fontes de informação para aumentar a eficiência do acesso e da prestação de informação.

As observações deste estudo revelaram que quase todos os inquiridos possuíam rádio, televisão e telemóveis. Muito poucos inquiridos não possuíam algumas destas TICs, por exemplo, a televisão, devido à falta de eletricidade nas suas casas, mas a maior parte deles possuía rádio e telemóvel. O investigador observou alguns dos extensionistas a usarem os seus telemóveis para comunicarem com os criadores de gado para marcarem encontros. Isto confirma as respostas dadas pelos extensionistas sobre a utilização das TICs. Outra observação feita pelo investigador foi a ausência de cibercafés em algumas zonas. Também se observou que na maioria das zonas os serviços de Internet estavam muito longe dos criadores de gado. Isto também confirma as respostas dadas por alguns inquiridos de que os serviços de Internet se encontravam longe; a razão dada por alguns inquiridos para a menor utilização da Internet.

4.6 Lacunas na utilização das TIC no acesso à informação sobre o sector pecuário

Orientado pelo quadro concetual, outro objetivo específico deste estudo visava identificar lacunas em termos de utilização das TIC pelos criadores de gado e solicitar as opiniões dos criadores sobre formas de melhorar a utilização das TIC no acesso à informação sobre o gado. As lacunas na utilização das TIC foram encontradas procurando as preferências dos inquiridos sobre as TIC e as razões pelas quais preferiam ou não utilizar essas TIC. A primeira parte desta discussão centrar-se-á na importância das TIC no acesso à informação sobre o gado. Seguir-se-ão as razões para as preferências das TIC e, finalmente, as opiniões dos inquiridos sobre como melhorar a utilização das TIC no acesso à informação sobre o gado finalizarão a discussão sobre este objetivo.

4.6.1 Importância das TIC no acesso à informação sobre o sector pecuário

Começou-se por perguntar aos inquiridos se as TIC eram ferramentas importantes para acederem a informações sobre o gado. 246 (96,5%) inquiridos admitiram que as TIC eram ferramentas importantes para aceder à informação sobre o gado e alguns inquiridos (3,5%) disseram que as TIC não eram importantes para eles. Foi então pedido aos inquiridos que explicassem as suas respostas. Como se pode ver na Figura 12, a maioria dos inquiridos (92,9%) explicou que as TIC eram importantes porque facilitavam a comunicação. A maior parte destes inquiridos eram utilizadores de telemóveis e admitiram que os telemóveis facilitavam a comunicação porque lhes permitiam telefonar aos médicos veterinários, pelo que os seus animais podiam ser atendidos a tempo. Alguns destes inquiridos afirmaram que os telemóveis facilitam a comunicação com os fornecedores de rações e pintos, porque as rações e os pintos podem ser-lhes trazidos com um simples telefonema, sem terem de perder tempo a ir até aos fornecedores. Apenas 3,45% dos inquiridos disseram que as TIC eram importantes porque lhes permitiam obter muitos conselhos técnicos. Estes foram os inquiridos que utilizaram a rádio, a televisão e a Internet; estes inquiridos disseram que, através destas TIC, podiam obter muitos conselhos técnicos que podiam utilizar para melhorar as suas práticas de criação de gado.

Figura 12: Importância das TIC na criação de gado

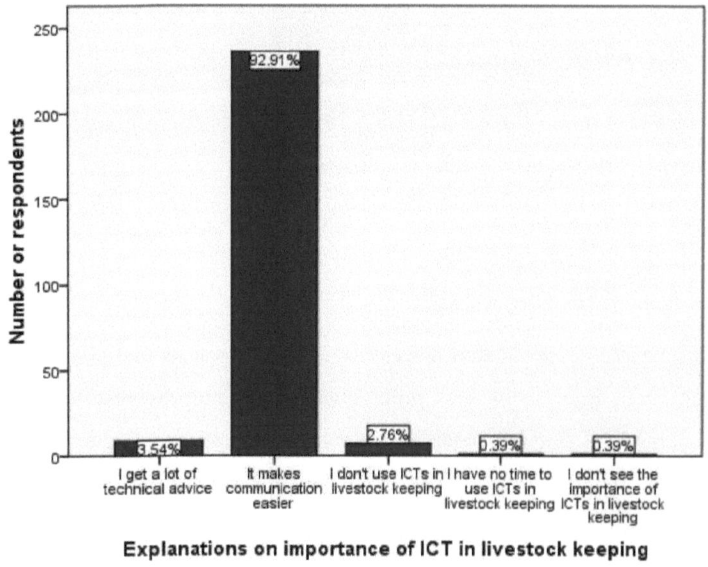

Fonte: Inquérito de campo, 2011

4.6.2 Preferências de utilização das TIC para aceder a informações sobre o sector pecuário

Perguntou-se aos inquiridos se preferiam utilizar as TIC a outras fontes de informação para aceder a informação sobre o gado. A Figura 13 mostra que 140 dos 254 inquiridos (55,12%) preferiam a utilização das TIC e de outras fontes de informação. Outros 103 de 254 (40,55%) dos inquiridos responderam que preferiam a utilização das TIC a outras fontes de informação, enquanto 11 de 254 (4,33%) dos inquiridos disseram que não preferiam a utilização das TIC no acesso à informação sobre o gado. Estes resultados significam que muitos criadores de gado precisam de uma combinação das TIC e de outras fontes.

Figura 13: Preferência pelas TIC em relação a outras fontes de informação

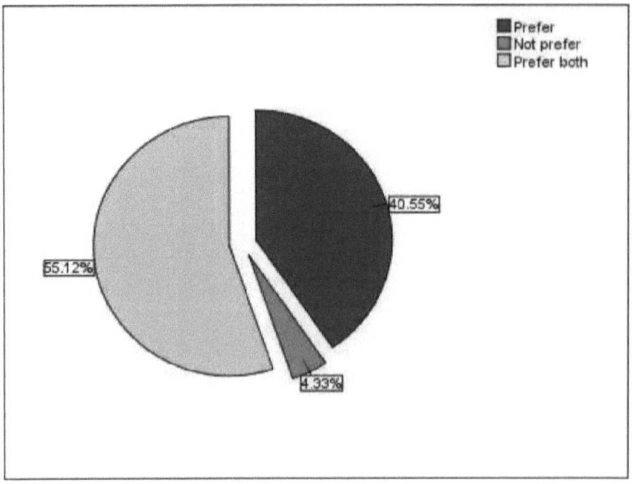

Fonte: Inquérito de campo, 2011

Como revelado nos resultados anteriores, as TIC por si só não podem ajudar os agricultores a resolver os seus problemas; os agricultores precisam mais dos funcionários da extensão/veterinária do que de quaisquer outras fontes de informação, mas os serviços de extensão devem ser integrados com as TIC para que os criadores de gado possam beneficiar mais dos serviços. As TIC, por si só, podem atuar apenas como ferramentas para facilitar o acesso e a disseminação da informação sobre o gado, mas não podem ser suficientes para resolver todos os problemas dos criadores de gado se forem utilizadas isoladamente. Através da utilização das TIC, os extensionistas podem fazer o seu trabalho mais facilmente. Isto é apoiado por Ahuja (2011) que relata que, a utilização das TIC pode fazer da extensão agrícola um sistema mais diversificado, orientado para o conhecimento, para satisfazer as necessidades de informação dos agricultores a pedido. Foi pedido aos inquiridos que indicassem as razões das suas preferências e os resultados são apresentados na Tabela 29.

Quadro 29: Razões para preferir as TIC a outras fontes de informação

Motivo da preferência		Freq.	%
Tanto as TIC como outras fontes são importantes	N=140	139	93.9
As TIC facilitam a comunicação	N=103	81	78.6
As TIC poupam tempo	N=103	40	38.8
As TIC poupam custos	N=103	18	17.5
As TIC não são úteis	N=11	6	54.5
Troca de ideias em diálogos directos	N=11	3	27.3

Fonte: Inquérito de campo, 2011

Os resultados apresentados no Quadro 29 mostram que a razão dada por 139 dos 140 (93,9%) inquiridos para a preferência tanto pelas TIC como por outras fontes de informação foi que ambas são importantes, pelo que são ambas necessárias para aceder à informação sobre o gado. Estes inquiridos explicaram ainda que as TIC por si só não eram suficientes porque nem tudo podia ser conseguido através da utilização das TIC, pelo que também são necessárias outras fontes de informação. Esta resposta foi confirmada nas entrevistas em que a maioria dos extensionistas sugeriu o uso tanto das TICs como dos extensionistas de modo a melhorar o acesso à informação sobre o gado. Outra explicação que foi dada por 81 dos 103 (78.6%) dos inquiridos para a preferência pelas TICs foi que as TICs facilitam a comunicação. Estes inquiridos disseram que através do uso das TIC, era muito fácil para eles comunicar com os extensionistas e veterinários, clientes e fornecedores de rações e pintos. Estes inquiridos admitiram que as TIC lhes permitiram obter rapidamente serviços de extensão/veterinários e mercados para os seus produtos. Outros inquiridos preferem as TIC porque poupam tempo (38,8%) e porque poupam custos (17,5%). Estes inquiridos argumentaram que as TIC lhes permitiram poupar muito do seu tempo e custos porque podiam comunicar facilmente e obter o que queriam sem terem de percorrer longas distâncias e perder tempo à procura de informação ou serviços.

Os resultados revelaram que 3 em 11 (27,3%) dos inquiridos disseram que não preferiam as TICs, mas que preferiam o uso de diálogos face a face porque estes lhes permitiam trocar ideias. Estes inquiridos explicaram que através do uso de diálogos face a face, eles podiam trocar ideias com os seus extensionistas/veterinários e com os seus colegas criadores de gado. A maioria dos extensionistas também preferiu o uso de diálogos face-a-face em vez do uso das TICs durante as entrevistas. As razões apresentadas pelos extensionistas para a sua preferência foram as seguintes

"Podemos ensinar os agricultores através de demonstrações no terreno." - Extensionista do Distrito Urbano de Morogoro (Bairro Kihonda)

"Conseguimos obter um feedback instantâneo dos agricultores."- Extensionista do distrito de Kinondoni (bairro de Kibamba)

"Podemos ensinar muitos agricultores ao mesmo tempo no terreno."- Extensionista do distrito de Kinondoni (Bairro de Mbweni)

Os resultados mostraram ainda que 6 de 11 (54,5%) dos inquiridos que não preferiam utilizar as TIC explicaram a sua razão como não achando as TIC úteis no acesso à informação sobre o gado.

Ao realizar as entrevistas em profundidade, o investigador identificou também várias lacunas em termos de utilização das TIC a partir das respostas dadas pelos extensionistas. Foi revelado que os telemóveis eram usados com mais frequência pelos extensionistas em comparação com outros tipos de TICs. Mas a utilização dos telemóveis foi dificultada por alguns factores como: custos elevados de comunicação, falta de subsídios de comunicação e redes de telemóveis deficientes em algumas áreas. As respostas dos extensionistas também revelaram lacunas na utilização da rádio e da televisão. A rádio e a televisão foram utilizadas com menos frequência pelos extensionistas do que os telemóveis. Isto deveu-se a alguns factores, incluindo a falta de conhecimento sobre os programas de rádio e televisão sobre o gado, a falta de tempo para ver ou ouvir os programas sobre o gado, a falta de sinal de televisão em alguns canais e a parcialidade de alguns programas que mostram apenas alguns animais. Também se verificou uma grande lacuna na utilização da Internet pelos extensionistas. As entrevistas revelaram que quase todos os extensionistas nunca tinham utilizado a Internet nos seus serviços de extensão. Isto deve-se ao facto de a maioria dos extensionistas não ter conhecimentos de informática e de Internet. Alguns extensionistas com conhecimentos de informática apenas utilizavam a Internet ocasionalmente para comunicar com os seus amigos através do correio eletrónico ou para procurar outras informações não relacionadas com a criação de gado; apenas alguns extensionistas utilizavam a Internet para questões relacionadas com a criação de gado. Os resultados das observações revelaram que não havia computadores em quase todos os gabinetes dos extensionistas e mesmo em alguns gabinetes com computadores, revelou-se que não havia ligação à Internet. Esta falta de ligação à Internet impossibilitou os extensionistas de acederem e utilizarem a Internet. Os extensionistas foram obrigados a deslocarem-se aos cibercafés que se situam longe dos seus gabinetes, o que teve algumas implicações financeiras.

A partir destas respostas pode concluir-se que muitos criadores de gado consideram as TIC (especialmente os telemóveis) como ferramentas importantes para aceder à informação, devido às suas vantagens, que incluem: facilitar a comunicação, poupar tempo e custos e trocar ideias. O uso efetivo das TIC no acesso à informação sobre o gado por parte de alguns dos criadores de gado é dificultado pela falta de tempo para usar essas TIC (por exemplo, rádio, televisão e Internet). A falta de consciência ou ignorância sobre a importância destas TIC no acesso à informação sobre o gado e o conteúdo relevante limitado são também referidos por Dossani *et al.* (2005) como razões para a baixa utilização das TIC.

Estes criadores de gado precisam de ser sensibilizados para usarem as TICs, tais como a rádio e a televisão, para acederem à informação sobre o gado através de programas relevantes. Isto pode ser possível através da publicidade destes programas através da rádio, televisão, brochuras, folhetos e serviços de extensão, para que os criadores de gado possam estar conscientes da importância dos programas. As TICs também devem ser integradas nos serviços de extensão e isto pode ser possível se os extensionistas forem facilitados pelo governo e por outras autoridades relevantes através da provisão de subsídios de comunicação para melhorar a comunicação com os criadores de gado usando telemóveis e formação em serviço dos extensionistas sobre conhecimentos de informática. Isto melhorará a acessibilidade da informação de uma forma muito mais fácil e económica.

4.6.3 Opiniões sobre a melhoria da utilização das TIC no acesso à informação sobre o sector pecuário

Várias lacunas em termos de utilização das TIC foram identificadas nas discussões anteriores. A fim de minimizar essas lacunas, foram solicitadas aos criadores de gado e aos extensionistas opiniões sobre as formas de melhorar a utilização das TIC no acesso à informação sobre o gado, através de questionários e entrevistas aprofundadas, respetivamente. Os resultados dos questionários são apresentados no Quadro 30, seguidos de discussões sobre cada uma das opiniões dadas.

Quadro 30: Opiniões sobre a melhoria da utilização das TIC

N=254

Opinião	Frequência	Percentagem (%)
Anunciar programas	139	54.7
Melhorar os horários	104	40.9
Mostrar programas frequentemente	15	5.9
Aumentar o número de programas	13	5.1
Diversificar e aumentar o conteúdo dos programas	9	3.5
Tornar os programas interactivos	5	2.0
Aumentar a duração da emissão	4	1.6
Introduzir a rádio comunitária	3	1.2
Regresso SUA TV	2	0.8
Enviar sms relevantes	2	0.8
Sensibilizar para a utilização das TIC	1	0.4

Fonte: Inquérito de campo, 2011

- Anúncio de programas relevantes no domínio da pecuária

Uma das opiniões dadas por estes inquiridos foi a publicidade dos programas de rádio e televisão sobre a criação de gado. Os resultados deste estudo revelaram que muitos criadores de gado não viam nem ouviam os programas sobre pecuária porque não tinham conhecimento da existência desses programas, nem sabiam quando é que os programas estavam a ser transmitidos. Assim, 139 dos inquiridos (54,7%) aconselharam que os programas de rádio e televisão fossem publicitados de modo a serem bem conhecidos pelos criadores de gado.

Nas entrevistas, percebeu-se que alguns dos extensionistas também não tinham conhecimento dos programas de pecuária existentes na rádio e na televisão e mesmo aqueles que tinham conhecimento da existência dos programas não sabiam os horários dos mesmos. Assim, para que os inquiridos pudessem beneficiar dos programas, era necessário que os programas fossem anunciados com frequência. Isto poderia levar a um aumento do número de inquiridos que seguiriam os programas e, consequentemente, beneficiariam deles.

- Melhoria dos calendários dos programas pecuários

Outra opinião para a melhoria das TIC no acesso à informação sobre gado foi a de melhorar os horários dos programas de rádio e televisão. Os resultados deste estudo também revelaram que a maioria dos inquiridos não conhecia os horários dos programas sobre pecuária e não acompanhava os programas devido à falta de horários dos mesmos. Queixavam-se de que os programas eram transmitidos durante o dia, quando a maioria deles estava fora ou ocupada com outras actividades. Consequentemente, 104 (40,9%) dos inquiridos recomendaram que os horários dos programas fossem melhorados, de modo a que os programas fossem transmitidos à noite ou durante os fins-de-semana, para que os criadores de gado pudessem ter acesso aos programas e deles beneficiar.

Durante as entrevistas, os extensionistas sugeriram que os programas de rádio e televisão deveriam ser melhorados para permitir que muitos criadores de gado pudessem beneficiar dos mesmos. Também sugeriram que os programas fossem programados à noite (depois das 20 horas) ou durante os fins-de-semana, quando a maior parte dos criadores de gado e os extensionistas estão em casa, o que tornaria mais fácil para eles acompanharem e aprenderem com os programas.

- Difusão frequente dos programas relativos aos animais

Os criadores de gado também aconselharam os meios de comunicação social a mostrarem os programas sobre gado com frequência. Os resultados deste estudo revelaram que os programas de rádio e televisão não eram acompanhados porque não eram transmitidos com frequência. Assim, 15 criadores de gado (5,9%) aconselharam que os programas fossem transmitidos com frequência, de modo a permitir um acompanhamento frequente por parte dos criadores de gado. Isto levaria a uma melhoria da utilização da rádio e da televisão no acesso à informação sobre o gado. Alguns extensionistas argumentaram que os programas de rádio/televisão sobre o gado não eram persistentes; eles aconselharam que os programas fossem sustentáveis para permitir um acompanhamento fácil e constante por parte dos criadores de gado.

- Aumento do número de programas no domínio da pecuária

Alguns dos criadores de gado 13 (5,1%) neste estudo também sugeriram que os meios de comunicação social deveriam aumentar o número de programas sobre criação de gado. Os inquiridos argumentaram que os programas sobre pecuária eram muito poucos em comparação com outros programas. Consequentemente, os inquiridos sugeriram que o número de programas sobre a criação de gado deveria ser aumentado, para que todos os criadores de gado pudessem obter informação suficiente a partir deles. Alguns dos extensionistas também aconselharam, durante as entrevistas, que os programas sobre a criação de gado deveriam ser aumentados para que muitos criadores de gado pudessem beneficiar deles.

- Diversificar e aumentar o conteúdo dos programas sobre pecuária A transmissão de uma diversidade de programas sobre pecuária foi outra recomendação dada por nove dos criadores de gado (3,5%) como forma de melhorar a utilização da rádio e da televisão para aceder à informação sobre pecuária. Os resultados deste estudo revelaram que os criadores de gado criavam diferentes tipos de animais. Para que todos os criadores de gado possam beneficiar dos programas de criação de gado, foi aconselhado que os programas fossem diversificados em termos de uma variedade de animais e de conteúdo suficiente para que todos os criadores de gado pudessem beneficiar deles. Estes criadores de gado chamaram a atenção para o facto de que os programas de criação de gado eram tendenciosos para apenas alguns tipos de animais, pelo que os outros criadores de gado não beneficiavam dos programas. Durante as entrevistas, os extensionistas também aconselharam que os programas deveriam ter conteúdo suficiente e mostrar experiências de diferentes lugares. Isto permitiria que os criadores de gado com diferentes animais beneficiassem dos programas, ao contrário dos programas actuais que são tendenciosos para apenas alguns animais e as experiências mostradas são sempre das mesmas áreas.

• Tornar interactivos os programas de criação de gado

Os inquiridos aconselharam que os meios de comunicação social deveriam tornar os programas sobre a criação de gado mais interactivos. Os resultados deste estudo revelaram que alguns dos criadores de gado afirmaram que os programas sobre pecuária não eram tão interactivos como os outros programas não relacionados com a pecuária. Cinco criadores de gado (2,0%) recomendaram que os programas sobre pecuária deveriam ser mais interactivos, dando aos criadores de gado a oportunidade de fazerem perguntas ou pedirem esclarecimentos aos produtores dos programas. Isto poderia tornar os programas mais educativos, porque os criadores de gado compreenderiam melhor os programas, pedindo esclarecimentos nos casos em que não entendessem os programas ou quando precisassem de mais conselhos.

• Aumentar a duração da transmissão de programas sobre o gado

A fim de obter educação e benefícios suficientes dos programas, foi sugerido por quatro dos criadores de gado (1,6%) que a duração da emissão deveria ser aumentada. Os resultados deste estudo revelaram que alguns dos inquiridos que viam ou ouviam os programas sobre a criação de gado estavam preocupados com o facto de estes programas serem muito curtos, por isso aconselharam que a duração destes programas fosse aumentada para que os criadores de gado pudessem beneficiar mais dos programas. Durante as entrevistas aprofundadas, os extensionistas também aconselharam que os programas de rádio e televisão deveriam ser suficientemente longos para permitir que os criadores de gado aprendessem mais com os programas. Isto porque todos os extensionistas admitiram que estes programas eram muito úteis para eles e para os criadores de gado, pelo que se os programas tivessem mais tempo de antena, os inquiridos poderiam tirar mais proveito deles.

• Regressar alguns canais locais

Alguns inquiridos no distrito urbano de Morogoro opinaram que já não podiam aceder aos programas da SUA TV que lhes forneciam informações muito úteis. (A SUA TV estava fora do ar devido a alguns problemas técnicos). A fim de melhorar a utilização da televisão, dois dos inquiridos (0,8%) que costumavam ver os programas da SUA TV aconselharam que os programas voltassem ao ar para que pudessem continuar a beneficiar dos mesmos. A SUA TV é um canal de televisão em Morogoro que está a ser transmitido pela Universidade de Agricultura de Sokoine. Apresenta vários programas agrícolas que são úteis tanto para os cultivadores de culturas como para os criadores de gado. Este canal educa os criadores de gado sobre questões muito importantes de boas práticas de criação, incluindo várias doenças animais e como as controlar.

Os programas da SUA TV devem, portanto, ser sustentáveis para permitir que os criadores de gado beneficiem da educação fornecida pelos programas, a fim de melhorar as suas práticas de criação de gado. A Universidade deve envidar esforços para garantir que a SUA TV seja vista em todo o país, a fim de aumentar a sua eficiência e eficácia, bem como alargar o âmbito dos seus serviços, para que todos os criadores de gado da Tanzânia possam beneficiar dos programas.

- Introduzir a rádio comunitária

Alguns criadores de gado 3 (1.2%) aconselharam a necessidade de introduzir rádios comunitárias específicas para programas de criação de gado. Estes inquiridos afirmaram que isso iria melhorar a utilização da rádio pelos criadores de gado no acesso à informação sobre o gado. Durante as entrevistas, alguns extensionistas aconselharam a introdução de um canal de rádio e televisão específico para os programas de criação de gado. Isto permitiria aos criadores de gado obterem sempre informação dos canais sem terem que esperar por programas específicos sobre o gado que são limitados e desconhecidos (como acontece atualmente).

- Enviar sms relevantes aos criadores de gado

Alguns poucos inquiridos 2 (0,8%) recomendaram que, para melhorar o uso dos seus telemóveis no acesso à informação sobre o gado, mensagens curtas (sms) sobre questões relacionadas com a criação de gado deveriam ser enviadas para eles através dos seus telemóveis, tal como eles beneficiavam ao receber mensagens curtas sobre outras questões de entretenimento. Isto pode ajudar os criadores de gado a obterem informação relevante sobre a criação de gado através do uso do telemóvel, sem terem que telefonar aos extensionistas ou a outros criadores de gado, ou perder tempo a seguir os seus extensionistas.

- Sensibilizar para a utilização das TIC

Outra opinião sobre a melhoria das TIC no acesso à informação sobre o gado, dada por um (0,4%) dos criadores de gado, foi a de sensibilizar os criadores de gado, através de anúncios ou serviços de extensão, para a utilização das diferentes TIC no acesso à informação sobre o gado. Os criadores de gado devem ser educados sobre a importância de usar os diferentes tipos de TICs (especialmente a rádio, a televisão e a Internet) para aceder à informação sobre o gado. Também devem ser sensibilizados para a utilização destas TICs de modo a poderem obter mais informação e melhorar as suas práticas de criação de gado para o desenvolvimento económico. Os criadores de gado podem ser sensibilizados para a utilização das TICs, como a rádio e a televisão, através de anúncios e serviços de extensão que os consciencializem para a existência dos programas e para a importância da rádio e da televisão no acesso à informação sobre o gado. Através de observações, percebeu-se que os programas de rádio e televisão sobre pecuária não são anunciados com frequência, o que resulta numa menor consciencialização sobre a existência e a importância desses programas. A publicidade frequente dos programas sensibilizaria os criadores de gado a ver/ouvir os programas, o que lhes permitiria obter informações relevantes sobre a criação de gado.

4.7 Desafios da utilização das TIC no acesso à informação sobre o sector pecuário

De acordo com o quadro concetual, outro objetivo específico deste estudo era determinar os desafios que os criadores de gado urbanos enfrentam na utilização das TIC e propor possíveis estratégias para superar os desafios. Em primeiro lugar, foi pedido aos inquiridos que mencionassem quaisquer desafios que afectassem a utilização das TIC no acesso à informação sobre o gado. Vários desafios foram mencionados nos questionários pelos criadores de gado e nas entrevistas em profundidade pelos extensionistas como obstáculos à utilização das TIC no acesso à informação sobre o gado. Apesar de existirem vários desafios, os que mais se destacaram foram: custos de comunicação elevados, redes de telemóveis deficientes, falta de conhecimentos de informática, longas distâncias até aos cibercafés, desconhecimento dos calendários dos programas de pecuária e falta de eletricidade. Outros desafios eram menores mas igualmente significativos, incluindo: sinais de rádio/televisão fracos, falta de antenas parabólicas, programas irrelevantes, poucas estações de gado e uso da língua inglesa. O Quadro 31 apresenta as conclusões obtidas a partir dos questionários, seguidas de uma discussão sobre cada um dos desafios.

Quadro 31: Desafios da utilização das TIC para aceder a informações sobre o gado

N=254

Desafio	**Frequência**	**Percentagem (%)**
Custos de comunicação elevados	84	33.1
Rede deficiente	57	22.4
Falta de conhecimentos informáticos	55	21.7
Longa distância para serviços Internet	51	20.1
Desconhecimento dos horários dos programas	43	16.9
Custos elevados das diferentes redes	42	16.5
Não tem conhecimento dos programas	33	13.0
Sem eletricidade	20	7.9
Sinais fracos	11	4.3
Eletricidade não fiável	7	2.8
Sem antena parabólica	4	1.6
Programas irrelevantes	1	0.4
Poucas estações de gado	1	0.4
Língua inglesa	1	0.4

Fonte: Inquérito de campo, 2011

- Custo elevado da comunicação

Um dos desafios comuns que foi mencionado por 84 dos criadores de gado (33,1%) foi o elevado custo de comunicação dos telemóveis. Os inquiridos queixaram-se de que o custo elevado das comunicações os impedia de usar os telemóveis com frequência. A falta de subsídios para a comunicação e de incentivos do governo também foi relatada como um desafio pela maioria dos extensionistas durante as entrevistas. O seu trabalho exigia que eles comunicassem com os criadores de gado e os visitassem de tempos a tempos. Isto exigia que os extensionistas utilizassem o seu próprio dinheiro para a comunicação e o transporte. Isto constituiu um grande desafio para os extensionistas porque o governo não oferecia subsídios ou quaisquer incentivos para que os extensionistas pudessem fazer o seu trabalho de forma eficiente. Os extensionistas foram forçados a usar o dinheiro dos seus bolsos para comunicar com os criadores de gado. Isto dificultou a utilização dos telemóveis na disseminação de informação porque os extensionistas não podiam comunicar com muitos criadores de gado com a frequência necessária. Isto exige que os decisores políticos melhorem os serviços de extensão através da concessão de alguns incentivos (por exemplo, subsídios de comunicação e de transporte) aos extensionistas para que possam fazer o seu trabalho de forma eficaz

- Rede de telemóvel deficiente

A fraca rede de telemóveis foi outro desafio que os criadores de gado enfrentaram na utilização dos seus telemóveis, tendo sido mencionado por 57 dos inquiridos (22,4%). Tratava-se de um obstáculo à utilização das TICs porque, por vezes, os criadores de gado não conseguiam comunicar para obter informações devido a uma rede deficiente. Este desafio também foi mencionado por alguns dos extensionistas durante as entrevistas; foi experimentado por apenas alguns extensionistas, dependendo das áreas de onde provinham e com apenas algumas redes de telemóveis que não funcionavam bem em algumas áreas.

- Falta de conhecimentos informáticos

A falta de conhecimentos de informática foi outro desafio que os criadores de gado enfrentaram e que os impediu de usar a Internet para aceder à informação sobre o gado; foi mencionado por 55 dos inquiridos (21,7%). O desafio também foi referido pela maioria dos extensionistas durante as entrevistas que a falta de competências em TI era um grande desafio para eles nesta era da tecnologia da informação. Esta falta de competências em TI impediu os extensionistas de acederem a mais informação e de comunicarem com os seus colegas que possuem competências em TI. A iliteracia informática foi também mencionada por Munyua (2008) como um dos desafios que afectam o acesso e a utilização das TIC em África.

- Localização distante dos serviços Internet

Foi revelado que 51 inquiridos (20,1%) se queixaram de que os serviços de Internet estavam localizados longe dos seus locais de trabalho. Isto constituía um obstáculo à utilização da Internet para aceder a informações sobre o gado. As observações efectuadas neste estudo confirmaram que, em algumas zonas, os serviços de

Internet estavam localizados longe dos criadores de gado.

- Desconhecimento dos programas pecuários e dos seus calendários

Alguns dos 33 criadores de gado (13%) não tinham conhecimento dos horários dos programas de rádio e televisão. Isto representava um desafio para estes inquiridos, porque não podiam aceder nem seguir quaisquer programas sobre gado, porque não sabiam quando é que os programas eram transmitidos. Para além dos inquiridos que não tinham conhecimento dos programas, outros criadores de gado (16,9%) não tinham conhecimento dos horários dos programas de rádio e televisão. Isto dificulta o acesso efetivo à informação através do uso da rádio e da televisão, porque os criadores de gado não podem ouvir ou ver os programas sobre pecuária e, portanto, não podem obter informação relevante que é oferecida nesses programas. Estes inquiridos disseram que se conhecessem os programas e os seus horários, estariam a ouvi-los ou a vê-los frequentemente.

- Custos de comunicação variáveis entre redes diferentes

O elevado custo da comunicação entre diferentes redes de telemóveis foi mencionado por 42 dos inquiridos (16,5%) como outro desafio da utilização das TIC. Os inquiridos queixaram-se de que foram forçados a ter mais do que uma rede para os seus telemóveis, a fim de minimizar o custo da comunicação; caso contrário, acharam muito caro comunicar com pessoas com cartões SIM diferentes dos seus. Os extensionistas também argumentaram que não havia harmonia nos custos de comunicação entre as diferentes redes de telemóveis; queixaram-se de que algumas redes eram mais caras do que outras. Isto constituía um desafio para eles porque eram obrigados a ter mais do que um cartão SIM ou mesmo dois telemóveis para poderem comunicar com todos os criadores de gado a um custo mais baixo.

- Falta de eletricidade

Os resultados mostraram que 20 inquiridos (7,9%) não tinham eletricidade em casa e afirmaram que esta situação constituía um desafio para eles, porque não podiam ver televisão e, por conseguinte, não podiam beneficiar dos programas sobre gado. Durante o inquérito, houve uma crise nacional de racionamento de eletricidade. Esta situação também foi mencionada como um desafio por sete inquiridos (2,8%), porque não podiam usar os seus rádios e televisões para aceder a informações sobre o gado. Um estudo semelhante de Obijiofor *et al.* (2005) também mencionou a falta de fiabilidade da eletricidade como um dos desafios da utilização das TIC em África.

- Sinais de rádio/televisão fracos

Alguns dos criadores de gado não tinham acesso aos programas de rádio e televisão devido à falta de sinal de rádio e televisão. Isto constituiu um desafio para 11 dos criadores de gado (4,3%) e foi um obstáculo à utilização da rádio e da televisão para aceder a informações sobre o gado. Foi revelado que em algumas áreas (maioritariamente peri-urbanas) havia um problema de sinal fraco ou deficiente, ou ausência de sinal para alguns dos canais de rádio e televisão. Como resultado, estes canais não podiam ser ouvidos ou vistos claramente em algumas áreas e estavam totalmente ausentes noutras áreas. Isto resultou no facto de não se ter acesso à informação sobre o gado através destes programas.

- Outros desafios

A falta de antena parabólica foi um dos desafios mencionados por alguns (1,6%) inquiridos. O acesso à informação através do uso da televisão exigia que alguns criadores de gado tivessem uma antena parabólica para ver alguns dos canais. Estes criadores de gado estavam preocupados com o facto de não poderem ver alguns dos canais devido à falta de antenas parabólicas. Os programas de televisão irrelevantes também foram mencionados por muito poucos inquiridos (0,4%) como um desafio à utilização da televisão. Estes inquiridos argumentaram que alguns dos programas mostravam técnicas muito caras e complicadas que não podiam ser aplicadas no seu ambiente. Isto implica que o conteúdo de alguns destes programas era insuficiente e que os criadores de gado não conseguiam obter informação suficiente. Isto é semelhante às constatações de Dossani *et al.* (2005) e Munyua (2008) que referiram que muita da informação fornecida através das TICs pode ser vista como não tendo relevância para as condições locais, uma vez que o seu conteúdo é genérico, resultando numa baixa utilização das TICs. Outros extensionistas que foram entrevistados sugeriram que os programas de televisão deveriam mostrar técnicas simples que poderiam ser facilmente aprendidas pelos criadores de gado e aplicadas no seu ambiente a um custo mais barato.

Muito poucos (0,4%) inquiridos mencionaram a existência de poucas estações de rádio e televisão que transmitem programas sobre gado como um desafio ao uso da rádio e da televisão no acesso à informação sobre gado. Estes inquiridos argumentaram que, apesar do facto de as estações com programas sobre gado serem poucas, estes programas não eram sustentáveis porque não eram exibidos com frequência. Isto contribuiu para que os criadores de gado não conseguissem aceder a tanta informação quanto possível. Outro desafio que também foi mencionado por muito poucos inquiridos (0,4%) como um desafio à utilização das TIC foi a utilização da língua inglesa na Internet. Este foi um obstáculo à utilização da Internet pelos inquiridos que não sabiam utilizar a língua inglesa. Dossani *et al.* (2005) e Isamuyo (2006) também citam a língua inglesa como um obstáculo à utilização das TIC porque continua a ser a língua dominante utilizada na Internet, embora não seja a língua materna da maioria dos utilizadores.

4.7.1 Estratégias para ultrapassar os desafios da utilização das TIC

Depois de identificar os desafios que os criadores de gado enfrentaram na utilização das TIC, foi-lhes pedido que sugerissem as possíveis estratégias para ultrapassar os desafios. Os resultados apresentados no Quadro 32 mostram as estratégias que foram sugeridas pelos criadores de gado, seguidas de discussões sobre cada uma das estratégias.

Quadro 32: Estratégias para superar os desafios da utilização das TIC

N= 254

Estratégia proposta	Frequência	Percentagem
Reduzir os custos de comunicação	88	34.6
Melhorar os calendários dos programas	79	31.1
Melhorar a rede de telefonia móvel	60	23.6
Harmonizar os custos de comunicação	46	18.1
Fornecer educação informática	36	14.2
Eletricidade disponível	27	10.6
Aumentar o número de programas	12	4.7
Melhorar os sinais de rádio/televisão	10	3.9
Aproximar os serviços Internet	4	1.6
Melhorar o conteúdo do programa	2	0.8
Utilizar a língua suaíli	1	0.4

Fonte: Inquérito de campo, 2011

- Reduzir os custos de comunicação

A redução dos custos de comunicação dos telemóveis foi mencionada como uma das estratégias por 88 dos inquiridos (34,6%). Isto permitiria aos criadores de gado comunicar a custos mais baratos, facilitando assim o uso de telemóveis para aceder à informação sobre o gado. Nas entrevistas, alguns dos extensionistas aconselharam que os custos de comunicação através dos telemóveis deveriam ser reduzidos para que todos os criadores de gado e extensionistas pudessem usar os seus telemóveis para comunicarem uns com os outros e trocarem ideias. Como estratégia possível para ultrapassar este desafio, os extensionistas sugeriram que o governo lhes desse alguns subsídios e incentivos para que o seu trabalho fosse facilitado. Os extensionistas também recomendaram que os organismos de telecomunicações relevantes deveriam regular os custos de comunicação para que seja fácil para os utilizadores de telemóveis comunicarem livremente a custos mais baixos. O governo também deveria libertar mais o sector das telecomunicações, de modo a aumentar o número de intervenientes, o que levaria automaticamente à redução dos custos de comunicação.

- Melhorar os calendários dos programas

Esta estratégia foi proposta por 79 (31,1%) dos inquiridos como forma de ultrapassar os desafios da utilização das TIC. Os inquiridos recomendaram que os programas sobre pecuária fossem para o ar a horas apropriadas (de preferência à noite ou durante os fins-de-semana) para permitir que a maioria dos criadores de gado tivesse acesso a eles e deles beneficiasse.

- Melhorar as redes de telefonia móvel

A melhoria da rede de telefonia móvel também foi mencionada como uma estratégia para superar os desafios da utilização das TIC por 60 dos inquiridos (23,6%). Isto poderia permitir que os criadores de gado comunicassem bem e assim tivessem acesso à informação sobre o gado sem qualquer problema. Os extensionistas também sugeriram que as redes de telefonia móvel deveriam ser melhoradas nas zonas com redes deficientes, de modo a permitir uma boa comunicação com os criadores de gado.

• Harmonizar os custos de comunicação

Outra estratégia para ultrapassar os desafios da utilização das TICs, proposta por 46 (18,1%) inquiridos, foi a harmonização dos custos de comunicação para permitir que todos os criadores de gado utilizem os seus telemóveis sem terem de possuir mais do que um cartão SIM. Estes inquiridos sugeriram que os custos de comunicação entre as diferentes redes deveriam ser harmonizados de modo a facilitar aos criadores de gado a comunicação fácil e atempada na procura de informação relevante por parte dos extensionistas ou veterinários. Se isso for feito, os criadores de gado irão comunicar mais facilmente usando os seus telemóveis sem se preocuparem demasiado com os custos.

• Fornecer educação informática

Como outra estratégia para superar os desafios da utilização das TIC, foi recomendado por 36 dos inquiridos (14,2%) que se proporcionasse educação informática aos criadores de gado através dos serviços de extensão. Isto iria melhorar a utilização da Internet pelos criadores de gado. Os extensionistas recomendaram que o governo lhes proporcionasse oportunidades para aprenderem competências informáticas. Isto iria equipá-los com as competências e conhecimentos necessários para beneficiarem mais da Internet e melhorarem os seus serviços no que respeita à disseminação de informação sobre o gado. Para além de proporcionar formação em informática, também é importante aumentar os pontos de acesso. Isto pode ser feito através do reforço das bibliotecas públicas, através do aumento do número de computadores e do estabelecimento de centros de recursos onde mais computadores podem ser usados para aceder à informação sobre o gado.

• Eletricidade disponível

Os resultados do estudo revelaram que 27 dos inquiridos (10,6%) recomendaram o recurso à eletricidade como estratégia para ultrapassar os desafios da utilização das TIC. Com eletricidade fiável, os criadores de gado teriam acesso a informações sobre o gado usando os seus rádios e televisões. Estes criadores de gado também apelaram ao governo para que reduzisse os custos de aquisição de eletricidade por parte dos indivíduos, porque, neste momento, os custos de instalação são muito elevados e a maioria dos indivíduos (especialmente os criadores de gado em pequena escala) não os pode pagar.

- Aumentar o número de programas

Outra estratégia proposta para os desafios, que foi mencionada por 12 (4,7%) dos inquiridos, foi a de aumentar o número de programas sobre pecuária que são transmitidos na rádio e na televisão. Isto permitiria aos criadores de gado obter o máximo de informação possível que os ajudaria nas suas práticas de criação de gado.

- Melhorar os sinais de rádio/televisão

A melhoria dos sinais de rádio e televisão foi mencionada por 10 dos criadores de gado (3,9%) como uma das estratégias para ultrapassar os desafios da utilização das TIC. Esta é uma preposição política que pode ser implementada pelas autoridades competentes, por exemplo, a Comissão de Telecomunicações da Tanzânia ou os seus organismos afins, que assegurarão a melhoria dos sinais dos meios de comunicação social. Se os sinais fossem melhorados, isso permitiria que os criadores de gado tivessem acesso à informação sobre o gado através das suas rádios e televisões. As entrevistas revelaram que alguns extensionistas aconselharam que a visibilidade de alguns dos canais de televisão deveria ser melhorada de modo a que todos os criadores de gado pudessem ver e beneficiar dos programas.

- Aproximar os serviços Internet

Quatro dos inquiridos (1,6%) sugeriram que aproximar os serviços de Internet dos criadores de gado seria uma forma de ultrapassar os desafios da utilização da Internet. A aproximação dos serviços de Internet pouparia aos criadores de gado o trabalho de perder tempo e dinheiro para seguir os serviços de Internet, que se encontram longe das suas casas. Os extensionistas aconselharam que o governo deveria fornecer-lhes serviços de Internet nos seus escritórios para que eles pudessem usá-los e aprender diferentes experiências da web que podem ajudá-los a melhorar os seus serviços.

- Melhorar o conteúdo dos programas

Mostrar programas relevantes para a nossa situação e necessidade foi outra estratégia para ultrapassar os desafios de usar a televisão para aceder a informação sobre pecuária. Isto foi mencionado por dois dos inquiridos (0,8%) que afirmaram que beneficiariam muito mais se os programas sobre pecuária fossem relevantes e aplicáveis às suas necessidades e resolvessem os seus problemas de criação de gado. Os inquiridos insistiram que os produtores de programas deveriam melhorar o conteúdo dos mesmos, de modo a mostrar tecnologia e equipamento acessíveis e disponíveis na Tanzânia, para que possam ser aplicados na prática da criação de gado.

- Utilizar a língua suaíli na Internet

A utilização da língua suaíli foi também uma estratégia para ultrapassar os desafios da utilização das TIC. Isto foi mencionado por um (0,4%) dos inquiridos que afirmou que preferia utilizar a língua suaíli na Internet do que outras línguas. A língua suaíli deve ser utilizada como uma das línguas comuns nos programas informáticos e na Internet. Isto permitirá que mais pessoas utilizem a Internet (porque a maioria dos tanzanianos fala Swahili) e facilitará a utilização da Internet por mais pessoas (incluindo os criadores de gado) para acederem a informação e melhorarem as suas práticas de criação de gado.

4.8 Resumo

Este capítulo apresentou e discutiu os resultados do estudo, começando por discutir a informação pessoal dos inquiridos em relação à utilização das TIC no acesso à informação sobre o gado. A discussão expressou a forma como algumas variáveis, por exemplo, sexo, idade, experiência, educação e profissão, afectam a utilização das TIC no acesso à informação sobre gado. Este capítulo deu uma visão clara das necessidades de informação dos criadores de gado urbanos e das diferentes fontes de informação utilizadas para aceder à informação sobre gado. O capítulo também analisou a eficácia das fontes de informação utilizadas. Os resultados revelaram que a maioria dos criadores de gado urbanos (94,1%) utiliza as TIC para aceder à informação sobre o gado. A maioria dos criadores de gado usa telemóveis (92,1%), alguns usam a rádio (21,7%) e a televisão (24,6%), enquanto a Internet é usada por muito poucos criadores de gado (2,4%) para aceder a informações sobre o gado.

Os resultados revelaram vários desafios que afectam a utilização das TIC e as estratégias para os ultrapassar também foram mencionadas. O estudo também propôs possíveis estratégias para melhorar a utilização das TIC. A tese deste estudo é uma investigação sobre a medida em que as diferentes TIC são utilizadas pelos criadores de gado urbanos e os factores que influenciam a sua utilização, a fim de melhorar a utilização das TIC no acesso à informação sobre o gado. Estes resultados fornecem as respostas às principais questões colocadas e, por conseguinte, o objetivo principal deste estudo foi cumprido.

CAPÍTULO 5

RESUMO, CONCLUSÕES E RECOMENDAÇÕES

5.1Introdução

Este capítulo resume todo o estudo, apresenta uma conclusão sobre os resultados e faz recomendações aos organismos competentes e aos decisores políticos. O capítulo está organizado em três secções principais. A primeira secção apresenta um resumo do estudo, com uma síntese dos resultados de cada um dos objectivos específicos. A segunda secção apresenta as conclusões do estudo retiradas de cada um dos objectivos específicos. Finalmente, este capítulo apresenta recomendações retiradas do estudo que orientarão os decisores políticos e outros intervenientes. As áreas de investigação futura também são destacadas no final desta secção.

5.2Resumo

Os criadores de animais urbanos têm uma variedade de necessidades de informação que diferem consoante o tipo de animais criados. A maior parte destas necessidades de informação são comuns a todos os criadores de gado, independentemente do tipo de gado que possuem. As necessidades de informação mais comuns dos criadores de gado urbanos incluem: informação sobre doenças e tratamentos (medicamentos), técnicas de alojamento, disponibilidade de mercados e empréstimos. Os criadores de gado urbanos precisam de ser informados sobre as diferentes doenças dos animais e sobre como estas doenças podem ser tratadas ou controladas. Além disso, os criadores de animais urbanos necessitam de informação sobre como construir boas casas para os seus animais, que os possam proteger de condições climatéricas adversas. A disponibilidade de mercados é uma informação que também é necessária aos criadores de gado urbanos para os informar onde podem vender os seus produtos a bons preços. A informação sobre empréstimos com juros baixos pode permitir que os criadores de gado obtenham empréstimos para aumentarem os seus animais e melhorarem as suas práticas de criação de gado. A informação sobre alimentos para animais e áreas de pastagem, em caso de escassez, também é muito importante. Os criadores de gado urbanos (especialmente os avicultores) também precisam de ser informados sobre os preços dos alimentos para animais, de modo a poderem saber onde obter alimentos de qualidade a preços mais baratos. A criação urbana de gado é orientada por leis e regulamentos, entre os quais o número de animais a manter, a forma de eliminar os resíduos animais e a forma de gerir os animais. Isto também tem como objetivo proteger o ambiente da poluição. Por conseguinte, os criadores de gado urbanos dependem muito da disponibilidade de informação; com informação suficiente, os criadores de gado podem ser capacitados para manter os seus animais de forma rentável e sustentável, porque "informação é poder".

Os criadores de gado urbanos utilizam uma variedade de fontes para acederem à informação sobre o gado. As fontes de informação normalmente utilizadas pelos criadores de gado urbanos incluem: lojas veterinárias (agrícolas), extensionistas e outros criadores de gado. As lojas veterinárias são utilizadas pela maioria dos criadores de gado urbanos, apesar do facto de algumas dessas lojas se encontrarem longe dos criadores de gado, de serem caras e de a maioria delas não ter especialistas profissionais. Os funcionários da extensão e/ou veterinários oferecem informação técnica muito útil aos criadores de gado, mas a sua utilização é dificultada pelo facto de que os funcionários são poucos em comparação com os muitos criadores de gado nas áreas urbanas. A utilização dos serviços de extensão é também dificultada pela falta de subsídios para comunicação e transporte. Os colegas criadores de gado são importantes porque ajudam os criadores a trocar ideias sobre diferentes questões relacionadas com a criação urbana de gado. Para além disso, existem outras fontes de informação que, apesar da sua importância, não são utilizadas habitualmente pelos criadores de gado urbanos. Estas incluem: exposições agrícolas, fontes impressas e seminários/encontros. O uso de exposições agrícolas é muito importante porque os criadores de gado aprendem muitas experiências com os mais experientes, mas é limitado pelo facto de que apenas alguns criadores de gado têm a oportunidade de assistir às exposições. As fontes impressas oferecem uma vasta gama de conhecimentos aos poucos criadores de gado que as utilizam. A utilização de fontes de informação impressas é, no entanto, limitada pela sua disponibilidade; as fontes impressas não estão prontamente disponíveis para a maioria dos criadores de gado. As reuniões e/ou seminários também são muito úteis para os criadores de gado, mas a sua utilização pela maioria dos criadores de gado é dificultada pela falta de oportunidades de assistir aos seminários. Estes seminários também são organizados apenas de vez em quando, de modo que apenas alguns criadores de gado têm a oportunidade de assistir aos seminários.

Os criadores de gado urbanos utilizam diferentes tipos de TIC, em diferentes graus, para aceder à informação sobre o gado. Os telemóveis são as TIC mais utilizadas pelos criadores de gado urbanos. Os telemóveis são muito importantes no sector da pecuária porque permitem aos criadores aceder à informação de forma fácil, rápida e a baixo custo, comunicar com os seus veterinários e extensionistas e, assim, obter facilmente os seus serviços, assegurar mercados para os seus produtos através da comunicação com os seus clientes e trocar ideias com os seus colegas criadores de gado, veterinários/extensionistas e clientes. A utilização de telemóveis é, no entanto, dificultada por alguns factores, incluindo os custos elevados de comunicação e redes pouco fiáveis. Muito poucos criadores de gado não usam os telemóveis devido à ignorância sobre a importância dos telemóveis no acesso à informação sobre o gado. A rádio e a televisão são fontes de informação muito úteis, apesar do facto dos programas não serem vistos/ouvidos por muitos criadores de gado. Os programas são importantes porque transmitem aos criadores de gado muitos conhecimentos e conselhos técnicos sobre as práticas de criação de gado. Muitos criadores de gado não utilizam a rádio e a televisão para acederem a informações sobre o gado, devido ao desconhecimento dos programas e dos seus horários, à falta de conteúdo local e à parcialidade em relação a apenas alguns animais (conteúdo insuficiente). A Internet é utilizada por muito poucos criadores de gado urbanos. Estes criadores utilizam a Internet para procurar informações relevantes para a criação de gado e para comunicar através de correio eletrónico e de sítios sociais. A maioria dos criadores de gado não utiliza a Internet devido à falta de conhecimentos informáticos. Outros factores que dificultam a utilização da Internet incluem: os serviços de Internet estão localizados longe, falta de tempo, falta de conteúdo local (websites relevantes) e ignorância sobre a utilidade da Internet no acesso à informação sobre o gado.

Este estudo revelou várias lacunas no que respeita à utilização da rádio e da televisão para aceder aos programas relativos à pecuária. Estes programas são acedidos por relativamente poucos criadores de gado que têm conhecimento dos programas, embora a maioria destes criadores de gado não conheça os horários dos programas e, portanto, não os acompanhe com frequência. Verificou-se que a Internet é utilizada por muito poucos criadores de gado para procurar informações relevantes sobre o gado, embora alguns criadores de gado utilizem a Internet para outros fins sociais. Os inquiridos deram também várias opiniões sobre como melhorar a utilização das TIC no acesso à informação sobre o gado. Algumas das opiniões mais importantes incluem: publicidade dos programas de rádio e televisão, melhoria dos horários dos programas, aumento da frequência de transmissão de programas sobre gado e melhoria do conteúdo dos programas. Além disso, outras opiniões foram mencionadas por poucos inquiridos, mas igualmente importantes, algumas das quais incluem: tornar os programas de rádio e televisão mais interactivos, introduzir a rádio comunitária, enviar mensagens curtas gratuitas relevantes aos criadores de gado através da utilização de telemóveis e sensibilizar os criadores de gado para a utilização das TIC. Estes pareceres são preposições políticas que exigem que as autoridades competentes no sector das telecomunicações assegurem a sua implementação, a fim de melhorar a utilização das TIC no acesso à informação sobre o gado.

Os criadores de gado urbanos enfrentam muitos desafios relativamente à utilização de diferentes TIC no acesso à informação sobre o gado. Os desafios mais comuns incluem: custo elevado de comunicação, redes deficientes, analfabetismo informático, longa distância dos serviços de Internet, desconhecimento dos programas de rádio e televisão sobre gado, sinais deficientes e falta de eletricidade. Este estudo sugeriu várias estratégias para ultrapassar os desafios, algumas das mais importantes incluindo: reduzir os custos de comunicação e harmonizar os custos entre as diferentes redes, melhorar as redes de telemóveis, providenciar educação informática, disponibilizar instalações de Internet perto dos criadores de gado, anunciar os programas de rádio e televisão e os seus horários, melhorar os sinais de rádio e televisão e disponibilizar eletricidade.

5.3Conclusão

A partir do estudo, pode concluir-se que os criadores de gado urbanos nos distritos urbanos de Kinondoni e Morogoro, na Tanzânia, utilizam diferentes tipos de TIC, em diferentes graus, para aceder a informação sobre a criação de gado. Isto deve-se ao facto de os criadores de gado urbanos terem uma variedade de necessidades de informação. Os criadores de gado urbanos também utilizam uma variedade de fontes de informação, mas a informação que obtêm é geralmente insuficiente devido a várias limitações das fontes de informação utilizadas. Consequentemente, os criadores de gado utilizam, em grande medida, os telemóveis e, em pequena medida, a rádio, a televisão e a Internet. No entanto, existem muitas lacunas na utilização das diferentes TIC, que podem ser atribuídas a fraquezas individuais, políticas e institucionais. Esta conclusão basear-se-á nos resultados de cada um dos objectivos específicos deste estudo, como se segue;

As necessidades de informação dos criadores de gado urbanos nos distritos urbanos de Kinondoni e Morogoro são vastas e diversas, dependendo do tipo de gado criado. As necessidades de informação incluem categorias de informação sobre: controlo e tratamento de doenças, técnicas de alojamento, alimentação e nutrição, mercados e preços dos produtos pecuários, disponibilidade de empréstimos, disponibilidade de boas raças, legislação e informação sobre biogás. Toda esta informação é necessária para que os criadores de gado urbanos possam manter os seus animais de uma forma mais aceitável, respeitando as leis e os regulamentos relativos à criação de gado urbano e à proteção do ambiente. As autoridades competentes devem garantir que as necessidades de informação dos criadores de gado são satisfeitas através de fontes de informação relevantes, de modo a melhorar as práticas de criação de gado nas zonas urbanas.

Os criadores de gado urbanos usam uma variedade de fontes para aceder à informação sobre o gado, incluindo: extensionistas, lojas veterinárias, exposições agrícolas, colegas criadores de gado, fontes impressas e reuniões/seminários. A maioria dos criadores de gado utiliza as lojas de veterinária mais do que outras fontes para aceder à informação sobre o gado. O uso de lojas veterinárias é limitado pela falta de profissionais e pelos serviços caros. Os serviços de extensão são outra fonte importante de informação, apesar do número limitado de extensionistas e da sua falta de incentivos. As fontes impressas e os seminários constituem boas fontes de informação, embora sejam utilizados por muito poucos criadores de gado devido à sua indisponibilidade. Todas estas fontes de informação podem ser muito úteis para os criadores de gado se as limitações das fontes forem rectificadas. Os serviços oferecidos nas lojas veterinárias devem ser avaliados e regulamentados pelas autoridades competentes. O número de extensionistas deve ser aumentado para que se possa chegar a todos os criadores de gado nas zonas urbanas. Os extensionistas também necessitam de incentivos (por exemplo, transporte) para poderem visitar todos os criadores de gado e prestar os seus serviços. As fontes impressas e os seminários também podem chegar aos criadores de gado através de melhores serviços de extensão.

Os criadores de gado urbanos utilizam diferentes tipos de TIC para aceder à informação sobre o gado. Os telemóveis são utilizados pela maioria dos criadores de gado, pois ajudam-nos a obter serviços veterinários de forma fácil e rápida, permitem uma fácil identificação dos mercados e simplificam a encomenda e entrega de rações e pintos. Também permite que os criadores de gado troquem ideias com outros criadores de gado. A rádio e a televisão são utilizadas por poucos criadores de gado para acederem a informações sobre o gado (embora sejam normalmente utilizadas para outros fins sociais). A Internet é utilizada por muito poucos criadores de gado para procurar informações relevantes sobre a criação de gado. Estes criadores de gado admitem que obtêm muita informação na Internet sobre diferentes questões relacionadas com a criação de gado. A utilização da Internet é dificultada pela falta de conhecimentos informáticos da maioria dos criadores de gado. A utilização da Internet também é impedida pelas longas distâncias até aos cibercafés, pela utilização da língua inglesa e pelo desconhecimento da importância da Internet no acesso à informação sobre a criação de gado.

Embora os criadores de gado utilizem diferentes TIC, existem lacunas na utilização de cada uma delas no acesso à informação sobre o gado. Os telemóveis são utilizados por muitos criadores de gado, apesar dos elevados custos de comunicação, mas alguns destes criadores de gado não utilizam os telemóveis nas suas práticas de criação de gado, em vez disso utilizam-nos por outras razões sociais e comerciais. A rádio e a televisão não são utilizadas pela maioria dos criadores de gado devido ao desconhecimento da existência de programas sobre a criação de gado e dos seus horários, à falta de tempo para ver/ouvir os programas e aos programas irrelevantes. A utilização da Internet é dificultada por muitos factores, incluindo a falta de conhecimentos de informática e de Internet, a falta de websites relevantes para o sector pecuário, a falta de interesse, a falta de tempo para utilizar a Internet e os serviços de Internet caros. A utilização das diferentes TIC pode ser melhorada de modo a que as TIC possam ser utilizadas para aceder à informação sobre o gado. Para tirar maior proveito dos telemóveis, foi sugerido o envio de mensagens curtas relevantes para os criadores de gado. Relativamente à rádio e à televisão, foi aconselhado que os programas de rádio/televisão fossem publicitados para que os criadores de gado tivessem conhecimento da sua existência. Os criadores de gado também aconselharam que os horários dos programas fossem melhorados de modo a que todos os criadores de gado pudessem acompanhar os programas e aprender com eles. Foi recomendado que os serviços de Internet fossem aproximados dos criadores de gado, que os custos de utilização da Internet fossem reduzidos e que os criadores de gado aprendessem a utilizar o computador e a Internet.

A utilização das TIC pelos criadores de gado urbanos depara-se com vários desafios que podem ser ultrapassados através de diversas estratégias. Este estudo conclui que os elevados custos de comunicação, os fracos sinais de rádio e televisão, as deficientes redes de telemóveis e o desconhecimento dos programas são alguns dos principais desafios da utilização das TIC para aceder à informação sobre o gado. Isto exige que os meios de comunicação social e os fornecedores de serviços melhorem as suas redes de modo a permitir o acesso aos programas e a utilização eficaz dos telemóveis, respetivamente. Foi também sugerido que os custos de comunicação deveriam ser reduzidos e que os programas deveriam ser publicitados para permitir que os criadores de gado utilizem estas TIC e tirem mais proveito delas. Foram também mencionados os serviços de Internet, que se diziam estar longe de alguns dos criadores de gado, e o uso da língua inglesa era também um obstáculo à utilização da Internet no acesso à informação sobre o gado. Como estratégia para ultrapassar este desafio, recomendou-se que os serviços de Internet fossem aproximados dos criadores de gado e que a língua Swahili fosse utilizada na Internet, para aumentar o número de criadores de gado que utilizam a Internet para aceder a informações sobre o gado.

5.4Recomendações

5.4.1 Implicações políticas do estudo

Várias recomendações emanaram dos resultados deste estudo; algumas das quais foram dadas pelos criadores de gado sobre como melhorar a utilização das TIC no acesso à informação sobre o gado. Outras recomendações foram apresentadas pelo investigador (a partir de observações) como meios para aumentar a rede de contactos entre os criadores de gado urbanos e melhorar o acesso e a utilização da informação entre eles, a fim de melhorar a prática da criação de gado urbana. A maioria destas recomendações deve ser implementada pelas autoridades competentes e pelos decisores políticos. Estas recomendações incluem o seguinte;

- **Melhorar a utilização da rádio e da televisão no acesso à informação sobre o gado Uma** vez que as TIC são instrumentos importantes para aceder à informação sobre o gado, recomenda-se que os meios de comunicação social aumentem a frequência da transmissão de programas relevantes sobre o gado. Estes programas de rádio e televisão devem ser anunciados com frequência para aumentar a consciencialização dos criadores de gado sobre a existência dos programas. Os programas também devem ser melhorados de modo a incluírem técnicas simples e acessíveis que sejam relevantes para o nosso ambiente, para que o conhecimento obtido a partir dos programas seja aplicado por todos os criadores de gado. Os programas também devem ser sustentáveis para permitir que os criadores de gado continuem a aprender e a beneficiar dos programas. Os criadores de gado também devem ser sensibilizados, através dos serviços de extensão, para utilizarem a rádio e a televisão para acederem à informação sobre o gado. Devem ser introduzidas rádios e televisões comunitárias que se destinam especificamente aos criadores de gado. Estas serão muito úteis para os criadores de gado que aprenderão e beneficiarão dos programas.

- **Melhorar a utilização dos telemóveis e da Internet para aceder a informações sobre o gado**

Os custos de utilização dos serviços de telefonia móvel e de Internet devem ser reduzidos para que todos os criadores de gado os possam utilizar. Os organismos relevantes (por exemplo, o TCRA), em colaboração com os fornecedores de serviços de telefonia móvel na Tanzânia (por exemplo, Vodacom, Airtel, Tigo e

Zantel) e os fornecedores de serviços de Internet, devem ter em consideração a possibilidade de iniciar projectos de TIC nas zonas urbanas para ajudar comunidades urbanas específicas a obterem um acesso fácil à informação (tal como nas zonas rurais). Isto pode ser feito através do envio de mensagens curtas relevantes para os agricultores urbanos, especialmente sobre a disponibilidade de mercados e os preços actuais de mercado de vários produtos pecuários procurados nas zonas urbanas, como carne, leite e ovos. Estes projectos permitirão aos agricultores urbanos aceder a informação relevante através dos seus telemóveis a preços mais baixos. Também devem ser introduzidos e publicitados sítios Web relevantes sobre a criação de gado, para que os criadores de gado tenham conhecimento deles. Estes sítios Web devem ser em língua suaíli para que muitos criadores de gado possam beneficiar deles. Os projectos de TIC também podem fornecer competências informáticas e de Internet aos agricultores e aos funcionários da extensão; isto promoverá a utilização da Internet para aceder à informação sobre o gado.

- **Promover e melhorar a utilização dos serviços de extensão**

A fim de satisfazer as várias necessidades de informação dos criadores de gado das zonas urbanas, é importante que os organismos competentes melhorem os serviços de extensão nas zonas urbanas. O número de extensionistas nas zonas urbanas deve ser aumentado para permitir que todos ou a maioria dos criadores de gado tenham acesso aos serviços de extensão, que constituem uma fonte de informação muito importante para os criadores de gado. Os extensionistas deveriam, também, receber incentivos como subsídios de comunicação e de transporte para poderem comunicar com os criadores de gado e visitá-los regularmente. Os extensionistas também devem ser dotados de conhecimentos de TI; isto pode ser facilitado através da oferta de oportunidades de formação e do financiamento da formação; computadores e instalações de Internet também devem ser disponibilizados nos escritórios do governo. Todos estes esforços contribuirão para melhorar os serviços prestados pelos extensionistas, com vista a melhorar o sector da pecuária.

- **Regulamentar e melhorar os serviços veterinários**

Os resultados deste estudo revelaram que as lojas veterinárias são as fontes de informação mais comuns e importantes para os criadores de gado urbanos. Tendo este facto em consideração, este estudo recomenda que as autoridades competentes assegurem que os serviços oferecidos aos criadores de gado através das lojas veterinárias sejam autênticos. A melhoria dos serviços veterinários conduzirá à disponibilidade de informação relevante suficiente que levará a melhores práticas de criação de gado. As autoridades competentes devem, por conseguinte, garantir que os serviços prestados nos estabelecimentos veterinários sejam prestados por profissionais qualificados. Isto evitará perdas de animais que ocorrem devido à falta de aconselhamento profissional e permitirá que os criadores de gado obtenham aconselhamento bom e fiável. Os serviços veterinários podem ser melhorados através da imposição de leis rigorosas às lojas veterinárias privadas, que orientarão e regularão a prestação de serviços de qualidade, incluindo os preços dos medicamentos e dos alimentos e a importação e distribuição de medicamentos e equipamento veterinário de qualidade. Isto resultará na proibição de medicamentos falsificados e conduzirá à melhoria dos serviços oferecidos nas lojas veterinárias. Os medicamentos e o equipamento veterinários também devem ser disponibilizados a preços subsidiados para permitir que todos os criadores de gado possam comprar os medicamentos que, atualmente, são muito caros e escassos.

- Melhorar os preços de mercado e a disponibilidade

Este estudo apela às autoridades competentes para que disponibilizem mercados comuns para os produtos animais; isto pode ser feito restringindo a importação de produtos animais do exterior do país e, em vez disso, promovendo os produtos dos criadores de gado locais. Os mercados para os criadores de gado podem ser aproveitados através do investimento em indústrias locais que possam comprar e transformar produtos pecuários locais, os quais podem, por sua vez, ser exportados para fora do país para aumentar as divisas estrangeiras e fazer crescer a economia do país. Também devem ser impostas medidas políticas rigorosas para controlar os preços de mercado dos produtos animais através dos seus organismos reguladores. Isto ajudará os criadores de gado a vender os seus produtos a preços lucrativos, o que levará ao desenvolvimento da indústria pecuária, ao aumento da estabilidade económica dos criadores de gado e, assim, contribuirá para a redução da pobreza.

5.4.2 Outras recomendações

- **Criar organizações de criadores de gado**

A criação de redes de informação entre os criadores de gado urbanos é um pré-requisito muito importante para facilitar o acesso e a utilização da informação entre eles. Este estudo recomenda, portanto, que os criadores de gado urbanos formem pequenas organizações nas suas áreas (através da supervisão do oficial de extensão do governo); isto permitirá que os serviços de extensão/veterinários cheguem facilmente a muitos criadores de gado e que estes beneficiem dos serviços de extensão. As organizações de agricultores permitirão que os criadores de gado cooperem, partilhem informações e obtenham tratamento ou vacinas em caso de surtos de doenças; isto conduzirá ao controlo de muitas doenças animais.

As organizações também ajudarão os criadores de gado a obter e a partilhar áreas de pastagem, nas quais os criadores de gado podem pastar os seus animais juntos numa única área, em vez de cada criador de gado pastar os seus animais sozinho. A disponibilidade destas áreas de pastagem pode ser facilitada pelas autoridades competentes, reservando áreas de pastagem para os criadores de gado urbanos, uma questão que atualmente constitui um grande problema. Através destas organizações, os criadores de gado também podem beneficiar de seminários ou encontros através dos quais podem obter muita informação que os ajudará nas suas actividades. A formação de organizações também pode permitir que os criadores de gado obtenham mercados para os seus produtos e obtenham empréstimos que lhes permitirão melhorar as suas actividades.

- **Criação de centros de informação sobre o gado**

Este estudo recomenda que sejam introduzidos nas zonas urbanas centros de informação que forneçam informação relevante sobre agricultura (para além das bibliotecas públicas). Estes centros de informação podem ajudar os agricultores urbanos a obter facilmente toda a informação relevante de que necessitam. A presença destes centros de informação pode permitir que os criadores de gado acedam a muita informação sem terem de se deslocar às bibliotecas, que estão localizadas longe da maioria dos criadores de gado. Os centros de informação também podem permitir que os criadores de gado acedam a fontes de informação impressas, que se revelaram escassas de acordo com os resultados deste estudo.

5.5Áreas de investigação futura

A revisão da literatura e os resultados deste estudo revelaram que existem algumas lacunas de investigação e informação que precisam de ser preenchidas. Isto sugere que há algumas áreas que precisam de ser investigadas, incluindo as seguintes.

- Uma investigação-ação participativa para promover a utilização das TIC no acesso à informação sobre o gado

A partir dos resultados deste estudo, foi revelado que alguns dos criadores de gado urbanos não estavam conscientes do facto de poderem obter muita informação sobre a criação de gado através da utilização das TIC. Estes criadores de gado precisam de receber os conhecimentos necessários e de ser sensibilizados para a utilização de algumas destas TIC, como a rádio, a televisão e a Internet, para que possam beneficiar da obtenção de informação relevante que os ajude a melhorar as suas práticas de criação de gado. Uma investigação-ação participativa poderia, portanto, ser um estudo muito útil para garantir que estes criadores de gado recebam os conhecimentos necessários que lhes permitam utilizar as TIC de forma eficaz no acesso à informação sobre o gado.

- Papel dos projectos TIC em comunidades urbanas específicas

Este estudo revelou que existem vários projectos de TIC na Tanzânia, a maioria dos quais orientados para a melhoria dos meios de subsistência rurais, mas pouco foi feito sobre o papel que estes projectos têm desempenhado na melhoria dos meios de subsistência de comunidades urbanas específicas. Dada a importância dos projectos de TIC nas zonas rurais da Tanzânia e em África em geral, é necessário realizar um estudo para investigar a existência de projectos de TIC nas zonas urbanas e em que medida comunidades urbanas específicas beneficiam desses projectos.

- Um estudo comparativo sobre o papel das TIC nas comunidades urbanas e rurais

Os resultados deste estudo revelaram a importância das TIC no acesso à informação sobre o gado nas zonas urbanas e foram realizados vários outros estudos para avaliar o papel das TIC nos meios de subsistência rurais na Tanzânia. Por conseguinte, é necessário efetuar um estudo comparativo para identificar as lacunas existentes na utilização das TIC entre as comunidades urbanas e rurais da Tanzânia e o que pode ser feito para colmatar essas lacunas e reduzir o fosso digital.

REFERÊNCIAS

Adejo, P. E. e Haruna, U. (2009), "Access of farmers to ICTs for agricultural development in Bauchi local government area, Bauchi state", *Actas da 43.ª conferência anual da Sociedade Agrícola da Nigéria, realizada em Abuja, 2009.*

Ahuja, V. (2011), "Cyber extension: A convergence of ICT and agricultural development", *Global Media Journal,* Indian Edition, ISSN 2249-5835 Winter Issue / December 2011 Vol. 2/No.2, www.caluniv.ac.in/.../winter%20Issue%2... recuperado em 15th outubro, 2013

Aina, L. O. (1991), "Agriculture information and Choice of strategies for rural development; heading issue in rural development". *ACENA,* pp. 19 -29

Ajala, A. A. (1992), "Factors associated with adoption of improved practices by goat producers in South Eastern Nigeria", *Research Monograph,* No. 5, Dept. of Agric Extension, University of Nigeria, Nsukka, p.14.

Accenture, Fundação Markle e Programa das Nações Unidas para o Desenvolvimento (PNUD) (2001), "Creating a Development Dynamic", *Relatório Final da Iniciativa Oportunidade Digital: A Global Call to Action, 2001,* http://www.itu.int/wsis/docs/background/general/reports/26092001 doi.htm recuperado em 13 de julho de 2011

Achora, J. C. e Ngolobe, B. (2009), "Digital opportunities for change", *ICT update: A current awareness bulletin for ACP agriculture,* Issue 50, August 2009, pg 20

African Connection, Centre for Strategic Planning (2002), *The Next Step: a rural ICT programme for Africa, Draft 2,* Preparado por Intelcom Research and Consultancy Ltd, Vancouver, Canadá

Annerose, D. (2009), "Making the system work" *ICT update: A current awareness bulletin for ACP agriculture,* Issue 47, February 2009, pg 3

Aronkoyo, T. (2003), "ICTs in the transformation of Agricultural Extension: The case of Nigeria", *documento apresentado na 6.ª reunião consultiva de peritos do Observatório das TIC do CTA, Wagenigen, 23-25 de setembro de 2003.* www.klobex.org/journals/afs/afs11/afs1120909155.pdf retrieved on 28th May,

2013

Asiedu F., Gouro A. S, Ndlovu L., Nuru, H., Lameta, K. (2009), *The role of Science, Technology and Innovation in addressing the challenges to food security and economic empowerment,* www.ypard.org/ypard/.../589 Livestock Policy Brief Final 090529.pdf retrieved on 30th September, 2009

Baker, T.L. (1999), *Doing Social Research,* (3rd Ed), Nova Iorque, McGraw- Hill Inc, pg 528

Bakker, N., Dubbeling, M., Gundel, S., Sabel-Koschella, U. e De Zeeuw, H. (2000), *Growing cities, growing food: Urban agriculture on the policy agenda, a reader on urban agriculture,* http://www.fao.org/docrep/004/y0500e/y0500e09.htm recuperado em 26th outubro, 2009

Bellows, A. C., Robinson, V., Guthrie, J., Meyer, T., Peric, N. e Hamm, M. W. (2000), "Urban livestock agriculture in the state of New Jersey, USA", *Urban Agriculture Magazine,* 12th October 2000, pp. 8-9.

Benor, D. (1984), *Training and Visit extension,* The World Bank Washington DC, A World Bank publication, pg 138

Brodnig, G. e Mayer-Schonberger, V. (2000), "Bridging the Gap: The role of spatial information technologies in the integration of traditional environmental knowledge and western science", *The Electronic Journal on Information Systems in Developing Countries, Volume* 1, http://www.is.cityu.edu.hk/ejisdc.htm recuperado em 22 de outubro de 2010

Bryman, A. (2004), *Social Research methods,* (2nd Edition), Nova Iorque, Oxford University Press

Bryman, A. e Bell, E. (2003), *Business Research Methods*, Oxford: Oxford University Press.

Bryman, A. e Cramer, D. (1992), *Quantitative Data Analysis for Social Scientists,* Londres, Routledge

Busha, H. C. e Harter, S. P. (1980), *Research in librarianship: techniques and interpretation*, Nova Iorque, Academic Press

Bystrom, K. e Jarvelin, K. (1995), "Task complexity affects information seeking and use". *Information Processing & Management,* 31(2), pp 191 - 213, www.hb.se/bhs/personal/katriina/ineng.htm retrieved on 20th August 2007 Case, D. O. (2007), *Looking for information: A survey of Research on Information Seeking, Needs and Behavior,* 2nd Ed., Reino Unido, Academic Press

Calandro E., Gillwald A., Moyo, M. e Stork, C. (2010), "African Telecommunication Sector performance Review 2009/2010: Towards Evidence-Based ICT Policy and Regulation", *Policy Paper* Vol. 2, No. 5

Chabossou, A., Stork, C., Stork, M. e Zahonogo, P. (2008), "Mobile Telephony Acces and Usage in Africa", *The Southern African Journal of Information and Communication,* Issue 9, pp 17-41, ISSN 1607-2235

Chhachhar, A. R., Hassan, M. S., Omar, S. Z. e Soomro, B. (2012), "The Role of Television in Dissemination of Agriculture Information among Farmers", *Journal of Applied Environmental and Biological Sciences,* 2(11)586-591, 2012, ISSN 2090-4274

Centre for Science, Development and Media Studies (2008), *ICT for Agriculture in Tanzania: ICT boost income amid hostile policies.* http://www.i4donline.net/articles/current- rticle.asp?articleid=588&typ=Features recuperado em 30th setembro, 2009

Chilimo, W. L. (2009), *Use of Information and Communication Technologies for improved rural livelihoods in Tanzania,* uma tese de doutoramento, Universidade de Kwazulu Natal

CIRAD (2009), *Livestock keeping in urban areas: A review of traditional technologies based on literature and field experience,* http://pigtrop.cirad.fr retrieved on 22nd October 2009

Creswell, J. W. (2003), *Research Design: Qualitative, Quantitative and Mixed Methods Approaches,* Segunda Edição. Thousand Oaks: SAGE Publications

CTA (2003), *ICTs - transforming agricultural extension? 6th Consultative Expert,* Wageningen, Países Baixos, 23 - 25 de setembro de 2003. Issue 14, November, 2003 http://ictupdate.cta.int/en/Feature-Articles/ICT s- transforming-agriculturalextension retrieved on 28 th May, 2010

CTA (2009), *The many uses of mobile phones,* CTA, Centro Técnico de Cooperação Agrícola e Rural (ACP-UE), número 50, agosto de 2009 http://ictupdate.cta.int/en/Feature-Articles/The-many-uses-of-mobiles recuperado em 28 de maio de 2010

Dauda, S., Anonguku, I. e Kpamor, M. A. (2009), "Problems associated with use of modern Information Communication Technology (ICT) for extension service delivery in Makurdi local government area", *Actas da 43.ª conferência anual da Sociedade Agrícola da Nigéria, realizada em Abuja, 2009.*

Daudu, S., Chado, S. S. e Igbashal, A. A., (2009), "Agricultural Information Sources Utilized By Farmers In Benue State, Nigeria." *Production Agriculture and Technology 2009;* 5 (1): 39-48 www. patnsukj ournal. net/currentissue recuperado em 27th maio de 2013

deVaus, D. A. (2000), *Surveys in Social Research* (5ª edição), Londres, Routledge

Donat, E., Brandtweiner, R. e Kerschbaum, J. (2009), "Attitudes and the Digital Divide: Attitude Measurement as Instrument to Predict Internet Usage", *Informing Science: the International Journal of an Emerging Transdiscipline* Volume 12, 2009

Dossani, R., Jhaveri, R. e Misra, D. C. (2005), "Enabling ICT for Rural India", *relatório de investigação,* Universidade de Stanford e Centro Nacional de Informática.

Ellis, D. (1989), "A behavioural approach to information retrieval design", *Journal of Documentation,* Vol. 45, No. 3, pp. 318-38

Ellis, D., Cox, D. e Hall, K. (1993), "A comparison of information seeking patterns of researchers in the physical and social sciences", *Journal of Documentation,* Vol. 49, No. 4, pp. 356-69

FAO (1995), "Global issues in the supply of livestock food products to urban populations. In: Supply of livestock products to rapidly expanding urban populations, pp. 27-34", *Actas do simpósio conjunto FAO/WAAP/KSAS, 16-20 de maio de 1995, Hoam Faculty Club, Seoul National University, Seoul.* Roma,

Wilson, R.T. (Ed.). pp. 224

FAO (1998a), *Livestock keeping in urban areas,* http://www.fao.org/D0CREP/004/Y0500E/y0500e02.htm retrieved on 20th May, 2013

FAO (1999a), *Urban and Peri-urban food production; a new challengefor the Food and Agriculture Organization (FAO) of the United Nations, por A.W.Drescher e B.L. Laquinta.* Relatório interno, Roma, p. 67.

FAO (2006), *Documento de acompanhamento: Programa global para o desenvolvimento da agricultura em África: Integrar os subsectores da pecuária, da silvicultura e da pesca,* União Africana e NEPAD. FAO, Roma, Itália

FAO (2007), *Livestock keeping in urban areas,* http://www.fao.org/DOCREP/004/Y0500E/y0500e02.htm retrieved on 15th March, 2007

Ferris, S. (2004), FOODNET: A informação está a mudar as coisas no mercado. *ICT Update: edição especial,* junho de 2004

Furuholt, B. e Kristiansen, S. (2007), "A rural-urban digital divide?: Regional aspects of Internet use in Tanzania", *Actas da 9.ª Conferência Internacional sobre Implicações Sociais dos Computadores nos Países em Desenvolvimento, Sdo Paulo, Brasil, maio de 2007,* http://www.ifipwg94.org.br/fullpapers/R0090-1.pdf recuperado em 23 de junho de 2009

Foeken, D., Sofer, M. and Mlozi, M. (2004), *Urban agriculture in Tanzania Issues of sustainability,* African Studies Centre, 2004 https://openaccess.leidenuniv.nl/bitstream/handle/.../ASC-1241504-003.pdf Retrieved on 24th May, 2013

Gantt, W. e Cantor, E. (2010), "Direct data on demand", *ICT update: A current awareness bulletin for ACP agriculture,* Issue 53, February 2010, pg 4

Gakuru, M., Winters, K. e Stepman, F. (2009), *Inventory of Innovative Farmer Advisory Services using ICTs,* For: O Fórum para a Investigação Agrícola em África (FARA). www.fara-africa.org/.. ./Innovative F armer Advisory Systems.pdf recuperado em 3 de março de 2011

Ghauri, P. e Gronhaug, K. (2005), *Research Methods in Business Studies: Um Guia Prático,* (3rd Edition), Inglaterra, Pearson Education Limited

Gill, J. e Johnson, P. (2002), *Research methods for Managers,* (3rd Edition), Londres, Sage publications

Gillwald, A. (2005), *Household and individual, ICT access and usage across 10 African countries,* http://link.wits.ac.za/papers/gillwald-etal-2005-final-e-index.pdf recuperado em 7 de junho de 2006

Gillward, A., Millek, A. e Stork, C. (2010), *Towards Evidence-based ICT Policy and Regulation: Gender Assessment of ICT access and Usage in Africa.* Volume One 2010 Policy paper 5, www.ictworks.org/.../Gender-Paper Sept... recuperado em 18Th julho, 2013

Girard, B. (2003), *The one to watch: Radio, New ICTs and interactivity,* Roma, Organização das Nações Unidas para a Alimentação e a Agricultura

Glazier, J. D. e Powel, R. R. (1992), *Qualitative Research in Information Management,* Englewood: Libraries Unlimited

Greenberg, A. (2005), "ICTs for Poverty Alleviation: Basic Tool and Enabling Sector", *ICT for Development Secretariat. SIDA,* novembro de 2005, http://www.eldis.org/fulltext/sidaictpoverty.pdf recuperado em 14 de março de 2012

Guendel, S. (2002), Peri-urban *and urban livestock keeping in East Africa: Uma estratégia de sobrevivência para os pobres?* http://www.eldis.org/static/DOC9069.htm retrieved on 15th March, 2007

Hassan, M. S., Yassin, M. D., Shaffril, H. A., Othman, M. S., Samah, B. A., Samah, A. A. e Ramli, S. A. (2011), "Receber a informação sobre agricultura através dos meios de comunicação social e de fontes interpessoais na comunidade rural", *American Journal of Agricultural and Biological Sciences* 6 (3): 451-461, 2011, ISSN 1557-4989, Publicações Científicas

Harris, R. W. (2003), *Information and Communication Technologies for Poverty alleviation,* UNDP-APDIP, http://www.apdip.net/publications/iespprimers/eprimer-pov.pdf recuperado em 5th novembro, 2009

Henri-Ukoha, A., Chikezie, C., Osuji, M. N. e Ukoha, I. I. (2012), "Rate of Information Communication Technology (ICT) use: Its determinants among livestock farmers in Ukwa West lga, Abia state of Nigeria", *International Journal of Agricultural and Food Science,* http://www.urpjournals.com recuperado em 6[Th] junho, 2013

Hewitt de Alcantara, C. (2001), *The Development Divide in a Digital Age.* Instituto de Investigação das Nações Unidas para o Desenvolvimento Social (UNRISD), Technology, Business and Society Programme Paper no. 4. Genebra, Suíça. www.unrisd.org recuperado em 20th novembro, 2009

Hsieh, H. F., e Shannon, S. E. (2005), Three approaches to qualitative content analysis. *Qualitative Health Research,* 15(9), 1277-1288.

ICT Update (2006), *Urban Agriculture,* Issue 33, setembro de 2006. A current awareness bulletin for ACP Agriculture, http://ictupdate.cta.int, Retrieved on 9th May, 2013

Isamuyo, Z. (2006), *Open Access ICT Infrastructure in Rural Tanzania: Prototype Design,* Tese de Mestrado, Estocolmo, Suécia. Departamento do IMIT Instituto Real de Tecnologia (KTH), novembro de 2006

Ishani Z. (2006), *Scoping Study of Urban and Peri-Urban Poor Livestock Keepers in Nairobi,* http://www.cityfarmer.org/Mazingira.html Retrieved on 15th March, 2007

Isinika, A. C. e Mdoe, N. S. Y. (2001), *Improving farm management skills for poverty alleviation: the case of Njombe District.* REPOA Research Report No. 01.1, Dar es Salaam, Mkuki na Nyota

ITU (2006), Statistics, International Telecommunication Union, http://www.itu.int/ITU-D/ict/statistics/ retrieved on 3rd October, 2006

Jacobi, P., Amend, J., e Kiango, S. (2005), *Urban agriculture in Dar Es Salaam: Fornecendo uma parte indispensável da dieta.* Resource Centres on Urban *Agriculture and Food Security (RUAF) Foundation* www.ruaf.org/sites/default/files/DaresSalaam.PDF recuperado em 28th maio,

2013

Jarvelin, K. e Wilson, T. D. (2003), "On concetual models for information seeking and retrieval research", *Information Research,* 9(1) paper 163 http://InformationR.net/ir/9-1/paper163.html recuperado em 18 de abril, 2010

Jensen, M. (2002), *Information and Communication Technologies (ICTS) in Africa,* A Status Report, http://www.panos.org.uk/files/Why RadioMatters.pdf recuperado em 21st junho, 2010

Kahn, R. e Cannell, C. (1957), *The Dynamics of Interviewing,* Nova Iorque e Chichester, Wiley

Kaltan, G. (1983), *Introduction to Survey Sampling,* Beverly Hills, Califórnia, Sage Publications

Kalusopa, T. (2005), "The challenges of utilizing Information Communication Technologies (ICTs) for the small scale farmers in Zambia", *Library Hi Tech,* Vol. 23, No. 3, 2005, pp 414-424, www.emeraldinsight.com/0737- 8831.htm. Recuperado em 8 de janeiro de 2011

Kapange, B. (2002), *ICTs and National Agricultural Research Systems-e-Development for the Grassroots: The Tanzania Case,* http://www.dgroups.org/groups/iNARS/docs/thinkpiecetanzania.doc7OutsideInServer=rules retrieved on 27th September, 2007

Karamagi, H. e Nalumansi, L. (2009), "No more spilt milk", *ICT update: A current awareness bulletin for ACP agriculture.* Número 47, fevereiro de 2009, pág. 5,

Kelly, P. (2002), "Concepts of Information Seeking and Their Presence in the Practical Library Literature", *Library Philosophy and Practice,* Vol. 4 No. 2 (primavera de 2002)

Kithuka, J., Mutemi, J. e Mohammed, A. H. (2007), *Keeping up with Technology: The use of mobile telephony in delivering community-based decentralized animal health services in Mwingi and Kitui Districts, Kenya,* documento de trabalho da Farm-Africa. http://www. farmafrica. org.uk/resources/pdf recuperado em 8th julho, 2012

Kiplagat, R. (2009), "Computerizing dairy cooperatives", In *ICT update: A current awareness bulletin for ACP agriculture.* Número 47, fevereiro de 2009, pág. 14

Kitilla, M. (2001), "Urban agriculture: Políticas actuais e desenvolvimentos recentes". In *Proceedings of the National Workshop on Urban Agriculture - Potential, Support and Information Needs, Dar es Salaam, Tanzania, 11-13 June, 2001, pp. 76-86.* Dar es Salaam: Projeto de Promoção de Vegetais Urbanos e Universidade de Dar es Salaam, Faculdade de Artes e Ciências Sociais.

Kora, G. (2006), *Viability of Commercial Rural ICT Centers: The Case of Tanzania.* Building Knowledge Management Strategies for Effective Rural Development in East Africa, International Support Group (ISG), http ://www.linkinglearners. net/downloads/RepICTstudy. pdf Recuperado em 26 de maio de 2008

Kothari, C. R. (1985), *Research Methodology: Methods and Techniques.* Nova Deli, Wiley Eastern Limited.

Krishnaswami, O. R. (1993), *Methodology of Research in Social Sciences,* Mumbai, Himalaya Publishing House, pg 142

Kuhlthau, C. C. (1994), *Seeking Meaning: A Process Approach to Library and Information Services,* Norwood, NJ. Ablex Publishing

Kumar, R. (2005), *Research Methodology; A Step-by-Step Guide for Beginners,* Sage Publications, pp. 206-214

Layder, D. (1993), *New Strategies in Social Research,* Cambridge, Polity Press

Marchionini G. (1989), "Information-Seeking Strategies of Novices Using a Full-Text Electronic Encyclopedia", *Journal of the American Society for Information Science.* 40(1):54-66, 1989

MacKenzie, P. J. (2003), "A model of information practices in accounts of everyday life information seeking", *Journal of Documentation,* Vol. 59. No. 1, pp. 19-40

Jornal Majira (2011), *Better life in Rural Communities with ICTs,* Dia Mundial das Telecomunicações e da Sociedade da Informação, 17 de maio de 2011, pp. 14-15.

Mangione, T. (1995), *Mail Surveys: Improving the Quality,* Thousand oaks, CA:

Sage Publications

Mathewman, R. e Mortan, J. (1995), *New challenges for livestock extension: Information needs, Institutions and Opportunities,* Chatham, UK. Instituto de Recursos Naturais

Matovelo, D. S. (2008), *Enhancing Farmers Access to and Use of Agricultural Information for Empowerment and Improved Livelihoods: A case of Morogoro Region, Tanzania, A PhD* Thesis, University of Dar es salaam

Marker, P. McNamara, K. e Wallace L. (2002), *The Significance of information and communications technologies for reducing poverty, UK Department for International Development (DFID),* http://www.dfid.gov.uk/pubs/files/ictpoverty.pdf recuperado em 30th abril, 2009

Maru, A. (2003), *Potential Contributions from Use of New Information and Communication Technologies (ICT) for Livestock Production and Services in India,* http://www.indiaveterinarycommunity.com/profperspective/featuredarticle/f eb-04/art-maru.htm recuperado em 30th setembro, 2009

Materu-Behitsa, M. e Diyamett, B. D. (2010), *Tanzania ICT Sector Performance Review 2009/2010: Towards Evidence-based ICT Policy and Regulation,* Volume 2, Policy Paper 11, 2010, www.researchictafrica.net/.../.pdf recuperado em 27th maio, 2013

May, J., Karugia, J. e Ndokweni, M. (2007), "Information and Communication Technologies and Agricultural Development in Subsaharan Africa: Transformation and Employment Generation", *Final Framework Paper, Preparado para o Consórcio Africano de Investigação Económica (AERC) Revisto em 25 de maio de 2007*

Mayring, P. (2000), "Qualitative Content Analysis", *Forum: Qualitative Social Research, 1(2},* junho, 2000, www.qualitative-research.net/index. ../108... consultado em 10 de outubro de 2013

Mbeiyererwa, A. G. K. (2009), *The contribution of anti-poverty targeting programmes; a case of TASAF (1) PWP Projects in Singida Rural and Kibondo*

Districts, A PhD Thesis, Sokoine University of Agriculture

McNamara, K. S. (2003), *Information and Communication Technologies, Poverty and Development: Learning from Experience,* A Background Paper for the infoDev Annual Symposium December 9-10, 2003 Geneva, Switzerland, www.infodev.org/en/Document.17.PDF, recuperado em 20th janeiro, 2012

Menda, A. (2005), *ICT for improved crop marketing in rural Tanzania,* http://www.iicd.org/photos/iconnect/Articles/icinnectarticles.2005-08-17.8415628374 recuperado em 8 de janeiro de 2011

Mgeni, B. C. (1978), *Diffusion of Agricultural innovation-hybrid maize in Njombe District.* Tese apresentada para obtenção do grau de Mestre em Artes na Universidade de Dar es Salaam

Mlozi, M. R. S. (2001a), "Political economy of urban agriculture in Tanzania. In; The political economy of urban and peri-urban agriculture in eastern and southern Africa". *Proceedings of the MDP/IDRC workshop, Harare, Zimbabwe, 28 February to 2 March, 2001, pp. 50-56, Harare: Municipal Development Programme.*

Mlozi, M. R. S. (2003), "Legal and Policy Aspects of Urban Agriculture in Tanzania", *Urban Agriculture Magazine, (RUAF Foundation),* Vol. 11: pp. 40-41.

Morton, J. e Matthewman, R. (1996), *Improving livestock production through extension: information needs institutions and opportunities,* http : //www. odi. or g .uk/nrp/12. html recuperado em 16th agosto. 2007

Mugenda, O. e Mugenda, A. (2003), *Research Methods: Quantitative and Qualitative Approaches,* Nairobi, Acts Press

Munyua, H. (2008), *Relatório Final. ICTs and small-scale agriculture in Africa: a scoping study,* Relatório preparado em nome do Centro Internacional de Investigação para o Desenvolvimento (IDRC), http://ideas.repec.org/p/iim/iimawp/2005-11-04.html recuperado em 30th setembro, 2009

Mutagahywa, B., Casmir, R. e Mlaki, E. T. (2006), *Pro-Poor ICT Project Report Tanzania: A Community-owned Network, versão final, ict*.net/docs/tanzania report.pdf recuperado em 27th maio, 2010

Mvena, Z., Lupanga, I. e Mlozi, M. (1991), *Urban agriculture in Tanzania: A study of six towns.* Morogoro: Universidade de Agricultura de Sokoine, Departamento de Educação e Extensão Agrícola. Relatório de investigação não publicado.

Nazari, M. N e Abu, A. H. (2010), "Radio as an Educational Media: Impact on Agricultural Development", *The Journal of the South East Asia Research Centre for Communication and Humanities,* Vol. 2, pp. 13-20, ISSN 19859414

NEPAD (Nova Parceria para o Desenvolvimento Africano), (2006), *Comprehensive Africa Agriculture Development Programme: Integrando os subsectores da pecuária, da silvicultura e da pesca,* FAO, Roma, Itália, knowledge.cta.int/en/.../Livestock+Policy+Brief+Final 090529.pdf consultado em 26 de junho de 2009

Neumann, C. G., Bwibo, N. O., Murphy, S. P., Sigman, M., Whaley, S., Allen, L. H., Guthrie, D., Weiss, R. E. e Demment M. (2003), "Animal source foods improve dietary quality, micronutrient status, growth and cognitive function in Kenyan school children: Background, study design and baseline findings", *Journal of Nutrition,* 133 (3941S- 3949S)

Newman, W. L. (2000), *Social Research Methods, (2nd Edition),* Londres, Prentice Hall

Ngalinda, I. e Mutagahywa, B. (2005), *Towards an African e-index: ICT access and usage, Capítulo 10, relatório da Tanzânia,* http://link.wits.ac.za/papers/e-index-tanzania.pdf consultado em 5 de julho de 2006

Nkebukwa, A. K. (2007), *The generation and dissemination of information for HIV/AIDS prevention in rural Tanzania: An assessment through a gendered grassroots AIDS Model,* A PhD Thesis, University of Dar es Salaam.

Obijiofor L., Inayatullah, S. and Stevenson, T. (2005), *Impact of new information and communication technologies (ICTs) on the socio-economic and educational development of Africa and the Asia-Pacific region,* Paper presented at the third working conference held in Accra International Conference Centre, Accra, Ghana,

27-28 January 2005 http://tku.academia.edu/SohailInayatullah/Papers/676327/, recuperado em 10th junho, 2011

Okolla, W. A. (2002), "The Kenya Agricultural Commodity Exchange", In *ICT Update: A current awareness bulletin for ACP agriculture.* Número 9: dezembro de 2002

Olatokun, W. M. (2009), *Analysing Socio-Demographic Differences in Access and Use of ICTs in Nigeria Using the Capability Approach,* Issues in Informing Science and Information Technology, (Vol 6, 2009). http://ibadan.academia.edu/WoleOlatokun/Papers/1145942/, recuperado em 3rd março, 2012

Onim, M. (2002), *Scoping study of urban and peri-urban livestock keepers in Kisumu City, Lagrotech, Kisumu, Quénia,* r4d.dfid.gov.uk/PDF/outputs/ZC0201 f.pdf recuperado em 28th maio, 2013

Ossiya, S.: Ishagi, N.; Aliguma, L. e Aisu, C. (2002) *Urban and Peri-urban livestock keeping in Kampala City - a scoping study,* Ibaren Konsultants, Kampala, Uganda.

Otte, J. e Knips, V. (2005), "Livestock Development for Sub-Saharan Africa" *Research Report,* Nr. 05-09; novembro de 2005.

Ozowa, V. (1995), "Information Needs of Small Scale Farmers in Africa: The Nigerian Example", *Quarterly Bulletin of the International Association of Agricultural Information Specialists, IAALD/CABI* (v. 40, no. 1, 1995) www.worldbank.org/html/cgiar/newsletter/.../9nigeria.html retrieved on 2nd April, 2008

Padania S. e Silvani F. (2005), *Chapter 5: Local radio in the Information Society: technology, participation and content in Africa,* In SDC/Panos (2005): Information and Communication Technologies and large-scale poverty reduction: lessons from Asia, Africa, Latin America and the Caribbean. www.deza.admin.ch/ressources/resource_en_25250.pdf recuperado em 21 de junho, 2010

Palsdottir, A. (2010), "The connection between purposive information seeking and information encountering: A study of Icelanders' health lifestyle information seeking" [Um estudo da procura de informação sobre estilos de vida saudáveis dos islandeses]. *Jornal de Documentação,* Vol.66, N.º 2, pp 224-244

Ramkumar, S.R.G. (2005), *Dissemination of animal health knowledge for landless Indian dairy cattle owners,* http ://www. dfid-ahp.org.uk/index.php?section=1 retrieved on 23rd June, 2009

Rao, S. S. (2005), "Bridging digital divide: Efforts in India", *Telematics and Informatics,* 22(4), pp 361-375, xa.yimg.com/kq/.../Bridging+digital+divide Efforts+in+India.pdf recuperado em 16th outubro, 2011

Rao, S. H. (2009), "Talking back to radio" *ICT update: A current awareness bulletin for ACP agriculture,* Número 49, junho de 2009

Ratna, S. (2008), *Mainstreaming ICT for Faster and More Inclusive Growth and Development in Livestock Sector: Digital Inclusion for Rural Prosperity and Grassroots Development*, Apresentado como um documento temático na Conferência Nacional sobre Educação à Distância para Criadores de Animais com ênfase nos Grupos de Auto-Ajuda de Mulheres, realizada na Universidade Banaras Hindu (BHU), de 1 a 3 de fevereiro de 2008, ftp://ftp.solutionexchange.net.in/public/emp/resource/res22050803.pdf recuperado em 29 de setembro de 2011

Reitz, J. M. (2007), *Dicionário Online de Biblioteconomia e Ciência da Informação (ODLIS). Informação,* lu.com/odlis/ recuperado em 26th outubro, 2009

Richard, S. J. I. e Godfrey, S. H. (Eds.) (2003) *Urban livestock keeping in sub-Saharan Africa: Report of a workshop held on 3-5 March 2003 in Nairobi, Kenya,* Natural Resources International Ltd, Aylesford, Kent, UK. ISBN: 0-95329274-9-0

Rivera, W. M. (2000), "The changing nature of Agricultural Information and the Conflictive Global Developments Shaping Extension", *Journal of Agricultural Education and Extension,* 7(1), 31-41

RUAF (2000), *Urban Agricultural Magazine,* 1(1 & 2), Leusden, Países Baixos, Resource Centre for Urban Agriculture and Forestry, http://www.fao.org/docrep/004/y0500e/y0500e09.htm recuperado em 26th outubro, 2009

Sasidhar P. V. K. e Sharma V. P. (2006), *Cyber livestock outreach services in India: a model framework,* www.lrrd.org/lrrd18/1/sasi18002.htm retrieved on 30th September, 2009)

Sansoucy, R., Jabbar, M. A., Ehui, S. e Fitzhugh, H. (1995), "Keynote paper: The contribution of livestock to food security and sustainable development". In: *Livestock Development Strategies for Low Income Countries,* FAO/ILRI, Roma/Nairobi

Samanta R. K. (1993), *Extension strategy for agricultural development in 21st century,* Nova Deli, Mittal publications

Sanusi, M. A., Petu-Ibikunle, A. M. e Mshelia C. M. (2010), "The influence of Information and Communication Technology (ICT) on the dissemination of agricultural information among urban farmers in the Northern Guinea Savannah Zone of Nigeria", *African Scientist* Vol. 11, No. 2, June 30, 2010

Saunders M., Lewis, P. e Thornhill, D. (2007), *Research Methods for Business Students,* 4th Edition, Londres, Pearson Education Limited

Saunders M., Lewis, P. e Thornhill, D. (2009), *Research Methods for Business Students,* Fifth Edition, Londres, Pearson Education Limited

Sawio, C. J. (1994), "Tanzania: who are the farmers of Dar es Salaam", In: *Cities Feeding People: An Examination of Urban Agriculture in East Africa,* IDRC, Ottawa, Canadá, www.cipotato.org/urbanharvest/documents/pdf7lpp scoping.pdf recuperado em 14 de novembro de 2009

Schiere H., Thys E., Matthys F. e Rischkowsky B. (2006), *Livestock Keeping in Urbanized Areas; Does History Repeat itself?, Documentos 14 e 18* http://web.idrc.ca/igf/ev-103880-201-1-DO TOPIC.html, recuperado em 3rd abril, 2011

Schiere, J. B. (2000), *Peri-urban livestock systems. Problems, approaches and opportunities,* Relatório preparado para a FAO-AGA. Roma, http://www.fao.org/docrep/004/y0500e/y0500e09.htm\ recuperado em 26th outubro, 2009

Schiere, J. B. e Van Der Hoek, R. (2001), *Livestock Keeping in Urban Areas, a review of traditional technologies.* Animal Production and Health Papers 151, FAO, Roma, http://www.fao.org/DOCREP/004/Y0500E/Y0500E00.htm recuperado em 23 de outubro de 2010

Schilderman, T. (2002), *Strengthening the knowledge and information systems of the urban poor,* Department for International Development (DFID), pg. 7 https://practicalaction.org/docs/ia3/kis-urban-poor-report-2002.pdf, recuperado em 23rd agosto de 2010

Schmidt, S. (2011), *Urban agriculture in Dar es Salaam.* Estudo de caso número 712 do programa: Política Alimentar para os Países em Desenvolvimento: O papel do Governo no Sistema Alimentar Global, 2011. http://cip.cornell.edu/DPubS?service=UI&version=1.0&verb=Display&handle=dns.gfs/1297701745 recuperado em 28 de maio, 2013

Shoki, P. N. (2010), *Internet use grows in Tanzania,* Victoria Research Bureau LTD, www.afrol.com Retrieved 4th June, 2013

Singleton, R.A, Straits, B.C, Straits, M.M. (1993), *Approaches to social research,* 2nd ed., Oxford, Oxford University Press, pg 572

Slingerland, M. (2000), *Mixed Farming Systems: Scope and Constraints in West African Savannah,* Tropical Resource Management Papers, Wageningen, Wageningen University and Research Centre

Souter, D. Scott N., Garforth, C., Jain, R. e Mascarenhas, O. (2005), *The Economic Impact of Telecommunications on Rural Livelihoods and Poverty Reduction: A Study of rural Communities in India (Gujarat), Mozambique and Tanzania,* http://ideas.repec.org/p/iim/iimawp/2005-11-04.html recuperado em 30 de setembro de 2009

Stienen, J., Bruinsma, W., e Neuman, F. (2007), How ICT can make a difference in agricultural livelihoods, *The Commonwealth Ministers Reference Book 2007:* Henley Media Group for the Commonwealth Secretariat, pp. 2-4. http://issuu.com/henleymedia/docs/cmrb2007/1?mode=a_p, recuperado em 10th julho, 2012

Swanson, B. E. (1997), "The Changing Role of Extension in Technology Transfer". *Journal of International Agriculture and Extension Education* 4(2), pp 87 - 94

Swarts, P. and Wachira, E. M. (2010), *Tanzania: ICT in education situational analysis*,http://www.gesci.org/assets/files/Knowledge%20Centre/Situational%20 AnalysisTanzania.pdf retrieved on 2nd July, 2012

Tabachnick, B. G. e Fidell, L. S. (2007), *Using Multivariate Statistics,* 5Th Edition, Boston, Pearson Education Inc.

TCRA (2008), *Telecom Statistics; December 2008 Report,* www.tcra.go.tz Retrieved on 4th June, 2013

TCRA (2010), *Report on Internet and Data Services in Tanzania; A supply-side survey,* www.tcra.go.tz Retrieved on 4th June, 2013

TCRA (2010a), *National Information and Communication Technologies Policy,* República Unida da Tanzânia, Ministério das Comunicações e dos Transportes, www.tcra.go.tz/policy/Nationa%20ICT%20Policy%20of%202003.pdf recuperado em 13 de julho de 2010

TCRA (2013), *Televisão Digital Terrestre, FAQ* http://www.tcra.go.tz/index.php/digital-broadcasting recuperado em 6 de junho, 2013

Teraro, M. e Braun, J. (2006), *Information and Communication Technologies for Development and Poverty Reduction: The Potential of Telecommunications,* Baltimore, The John Hopkins University Press

Thioune, R. M. (2003), *Information and Communication Technologies for Development in Africa: Opportunities and challenges for community development,* International Development Research Centre (IDRC), Copublicado por CODESRIA, http://idl-bnc.idrc.ca/dspace/bitstream/10625/33242/33/118794.pdf recuperado em 14 de março, 2011

Tripath, P. C. (1999), *A text book of research methodology in social sciences,* Nova Deli, Sultan Chand and Sons, pg 173

UNCHS (1996) *An Urbanising World, Global Report on Human Settlements,* Oxford, UK. Imprensa da Universidade de Oxford

PNUD (1996), *Urban Agriculture: Food, Jobs, and Sustainable Cities.* Programa das Nações Unidas para o Desenvolvimento, Nova Iorque, Série de Publicações para o Habitat II, vol. 1. PNUD

UN-Habitat (2004), "State of the World Cities", em *Cities Farming for the Future, Urban Agriculture for Green and Productive Cities,* publicado pela Fundação RUAF, IDRC e IIRR.

UNSTAT (2006), *Socio-economic statistics,* Nova Iorque, Nações Unidas

Nações Unidas (2006), In Encyclopedia Britannica, http://search.eb.com/eb/article-250455 Retrieved on 11th September, 2006

URT (2000), *Política Nacional de Desenvolvimento de Assentamentos Humanos,* Ministério do Território e do Desenvolvimento de Assentamentos Humanos, Dar es Salaam: Government Printers, p. 48. www.tanzania.go.tz/pdf/nationalhumansettlements.pdf, consultado em 24 de maio de 2013

URT (2003), *National Information and Communication Technologies Policy,* República Unida da Tanzânia, Ministério das Comunicações e dos Transportes. www.tcra.go.tz/policy/Nationa%20ICT%20Policy%20of%202003.pdf recuperado em 13th julho, 2010

URT (2004a), *Dar es Salaam city profile,* Documento preparado pela Câmara Municipal de Dar es Salaam, com aconselhamento do Programa Cidades e Saúde, Kobe, Japão. Centro de Desenvolvimento da OMS, pg. 4

URT (2004b), *Estatísticas da População e Habitação de 2002, Perfil do Distrito. Kinondoni,* Vol. IV, pg.78. Dar es Salaam, Gabinete Central de Censos, Gabinete Nacional de Estatística, Gabinete do Presidente para o Planeamento e Privatização

URT (2004c), *Estatísticas da População e Habitação 2002, Perfil do Distrito. Ilala,* Vol. IV, pg.77. Dar es Salaam, Gabinete Central de Censos, Gabinete Nacional de Estatística, Gabinete do Presidente para o Planeamento e Privatização

URT (2004d), *Estatísticas da População e Habitação 2002, Perfil do Distrito.*

Temeke, Vol. IV, pg.78. Dar es Salaam, Gabinete Central de Censos, Gabinete Nacional de Estatística, Gabinete do Presidente para o Planeamento e Privatização

URT (2005), *Livestock sector brief,* Preparado pela Organização das Nações Unidas para a Alimentação e a Agricultura (FAO) e pela Livestock Information, Sector Analysis and Policy Branch (AGAL)

URT (2006a), *Governo da Tanzânia,* http://www.tanzania.go.tz/ recuperado em outubro de 2006

URT (2006b), *Política Nacional de Pecuária,* República Unida da Tanzânia, Ministério do Desenvolvimento da Pecuária, dezembro de 2006.

www.mifugo.go.tz/.../National%20Livetock%20Policy%20(NLP)%20Final %20como%20por%20Cab... Recuperado em 24th maio, 2013

URT (2007), *Pecuária,* http://www.tanzania.go.tz/livestock.html recuperado em 23rd outubro, 2007

URT (2008), *região de Morogoro,* http://www.tanzania.go.tz/regions/MOROGORO.pdf recuperado em 13th setembro, 2009

URT (2011), *Perfil do país,* http://www.tanzania. go.tz/profile 1 f.html recuperado em 25Th junho, 2012

URT (2012), *Recenseamento Nacional por Amostra de Agricultura 2007/2008, Agricultura de Pequenos Produtores Volume III: Relatório Nacional do Sector Pecuário, Primeira Reimpressão março, 2012,* pp 63-97, www. agriculture. go.tz/agriculture%20sta... Recuperado em 3rd outubro, 2013

Van Dijk, J. (2006), "Digital divide research, achievements and Shortcomings", *Poetics,* 34(45), pp 221-235

Veenhof, B., Clermont, Y. e Sciadas, G. (2005), "Literacia e tecnologias digitais: Linkages and Outcomes", http://www.statcan.gc.ca/pub/56f0004m/56f0004m2005012-eng.htm consultado em 2 de março de 2012

Veenhuizen, R. (2006) (ed), *Cities Farming for the Future, Urban Agriculture for*

Green and Productive Cities, publicado pela Fundação RUAF, IDRC e IIRR.

Walliman, N. (2006), *Social Research Methods,* Londres, Sage Publications

Warschauer, M., (2010), *"Digital Divide",* Encyclopedia of Library and Information Sciences, Third Edition, 1: 1, 1551-1556, UK, Taylor & Francis.

Waters-Bayer, A. (1995), *Living with livestock in town: urban animal husbandry and human welfare*, Oitava Conferência Internacional de Instituições de Medicina Veterinária Tropical. Livestock Production and Diseases in the Tropics: Livestock Production and Human Welfare, 25-29 de setembro, Berlim, Alemanha, Fundação ETC, Leusden, Países Baixos. http://www.fao.org/DQCREP/004/Y0500E/y0500e02.htm recuperado em 26 de outubro, 2009

Weeks, J. R. (2008), *Population: an introduction to concepts and issues,* 10th ed., Belmont, CA. Belmont, CA. Wadsworth Thompson Learning

Westhuizen, J. V. (2003), "Q&A: ICTs and livestock performance", *ICT update: A current awareness bulletin for ACP agriculture,* Issue 15, January 2004, pg 5

Wilson, T. D. (1999), "Models in human information behavour research", *Journal of Documentation,* Vol. 55, No. 3, pp. 249-70

Wilson, T. D. (2000), "Human information behavior", *Information Science,* Vol. 3, No. 2, pp. 49-55

Yahaya, M. K. e Badiru, O. I. (2002), "Measuring tha Impact of Agricultural Radio and Television Programmes in Southwest Nigeria", *Journal of Applied Communications,* Vol. 86, No. 3, 2002

APÊNDICES

Apêndice 1: Questionário para os criadores de gado

TEMA DE PESQUISA:

Utilização das Tecnologias de Informação e Comunicação (TIC) entre os criadores de gado urbanos para um melhor acesso à informação sobre o gado: Um caso dos distritos urbanos de Kinondoni e Morogoro, Tanzânia.

Objetivo principal do questionário:

Recolher provas sobre o grau de utilização de várias TIC e os factores que afectam a sua utilização, bem como sugerir formas de melhorar a utilização das TIC no acesso à informação sobre o gado. As suas respostas honestas serão muito apreciadas e a informação recolhida neste estudo será estritamente para fins académicos.

Instruções: Faça um círculo à volta da(s) resposta(s) correcta(s) ou preencha os espaços em branco quando aplicável

A: INFORMAÇÕES DE CARÁCTER GERAL

1. Número do questionário: ....

2. Localização: ....

Região: ....

Distrito:..

Ala: ....

Rua: ....

3. Sexo:

1) Masculino

2) Feminino

4. Idade :

1) Menos de 31 anos

2) 31-40 anos

3) 41-50 anos

4) 51-60 anos

5) Mais de 60 anos

5. Nível de educação formal:

1) Sem educação

2) Ensino primário

3) Ensino secundário

4) Educação de adultos

5) Faculdade (certificado, diploma)

6) Ensino superior (licenciatura)

6. Que tipos de animais tem? (Faça um círculo à volta de todos os animais que tem)

1) vacas

2) cabras

3) ovelhas

4) porcos

5) galinha

6) patos

7) outros (por favor mencionar)

....

7. Há quanto tempo tem animais?

1) Menos de 2 anos

2) 2-5 anos

3) 5-10 anos

4) mais de 10 anos

8. Que outro trabalho (para além da criação de gado) faz para viver?

1) Trabalhador por conta própria (por exemplo, empresa, agricultura, etc.)

2) Empregados do Estado

3) ONG empregada

4) Nenhum

B: Eficácia das diferentes fontes de informação utilizadas pelos criadores de gado urbanos.

9. De que tipo de informações sobre o efetivo pecuário necessita? (Por favor, faça um círculo à volta de todas as respostas possíveis, indicando a ordem de prioridade nas caixas do seguinte modo: **I para a informação mais necessária, 2 para a informação menos necessária, e 3 para informações menos necessárias)**

1) Doenças dos animais e medidas de controlo [ ]

2) Procedimentos de nutrição animal [ ]

3) Técnicas de alojamento de animais [ ]

4) Mercados e preços dos produtos animais [ ]

5) Créditos/empréstimos [ ]

6) Leis e regulamentos sobre a criação de gado urbano [ ]

7) Outras informações (mencionar) ....[ ]

.... [ ]

10. Qual das seguintes fontes de informação utiliza para obter informações sobre o gado? (Por favor, faça um círculo à volta de todas as respostas possíveis, indicando a frequência de utilização nas caixas do seguinte modo: **I para as fontes utilizadas com frequência, 2 para as fontes utilizadas com menos frequência e 3 para as fontes utilizadas com menos frequência)**

1) Extensão/Serviços veterinários [ ]

2) Lojas agrícolas [ ]

3) Exposições agrícolas [ ]

4) Colegas criadores de gado [ ]

5) Fontes de impressão [ ]

6) Outras fontes (por favor mencionar)................. [ ]

.... [ ]

11. As fontes de informação que utiliza para obter informações sobre o gado são suficientemente eficazes?

1) Muito eficaz

2) Satisfatório

3) Não eficaz

12. Por favor, dê explicações para a sua resposta acima

....

....

C: Percepções dos criadores de gado urbanos sobre a utilização de diferentes TIC.

13. Utiliza alguma das TIC, como o telemóvel, a rádio, a televisão e a Internet, para aceder a informações sobre o gado?

1) SIM

2) NÃO

Se a resposta acima for SIM, passar à pergunta seguinte; se NÃO, passar à pergunta 34

14. Ouve algum programa de criação de gado na rádio?

1) SIM

2) NÃO

Se a resposta acima for SIM, passar à pergunta 15; se NÃO, passar à pergunta 18.

15. Indique os programas de rádio relativos à criação de gado que conhece, de entre os seguintes. (Por favor, faça um círculo à volta de todas as respostas possíveis, indicando a frequência com que ouve os programas nas caixas do seguinte

modo: **1 para frequentemente escutado, 2 para menos frequentemente escutado e 3 para nunca escutado)**

1) Mfugaji wa Kisasa (TBC taifa) [ ]

2) PADEP (TBC taifa) [ ]

3) Inuka (Radio Free Africa) [ ]

4) Outros programas (por favor mencionar) ....[ ]

.............................[ ]

16. Os programas de rádio fornecem informações úteis sobre a criação de gado?

1) Muito útil

2) Satisfatório

3) Não é útil

17. Por favor, explique a sua resposta acima

....

....

18) Se a resposta à pergunta 14 for NÃO, porque é que não ouve os programas de rádio?

1) Não tenho conhecimento dos programas

2) Não conheço os horários dos programas

3) Não tenho tempo para ouvir os programas

4) Não considero os programas úteis

5) Outros motivos (mencionar)

....

....

19. Vê algum programa de televisão relacionado com a criação de gado?

1) SIM

2) NÃO

Se a resposta anterior for SIM, passar à pergunta 20; se NÃO, passar à pergunta 23

20. Indique os programas de televisão que conhece de entre os seguintes (faça um círculo à volta de todas as respostas possíveis, indicando a frequência com que os vê nas caixas do seguinte modo: **1 para frequentemente visto, 2 para menos frequentemente visto e 3 para nunca visto)**

1) PADEP (TBC um) [ ]

2) Mfugaji wa ki sasa (TBC um) [ ]

3) Kilimo cha kisasa (Star TV) [ ]

4) Outros programas (por favor mencionar) ....[ ]

..................................[ ]

21. Os programas de televisão são úteis para si enquanto criador de gado?

1) Muito útil

2) Satisfatório

3) Não é útil

22. Por favor, explique a sua resposta acima

....

....

23) Se não vê os programas de televisão, quais são as suas razões?

1) Não tenho conhecimento dos programas

2) Não conheço os horários dos programas

3) Não tenho tempo para ver os programas

4) Não considero os programas úteis

5) Outros motivos (mencionar)

....

....

24. Utiliza o telemóvel para aceder a informações sobre o gado?

1) SIM

2) NÃO

Se a resposta anterior for SIM, passar à pergunta 25; se NÃO, passar à pergunta 28

25. Como utiliza o telemóvel para aceder a informações sobre o gado? (Por favor, faça um círculo à volta de todas as respostas possíveis, indicando a frequência de utilização nas caixas do seguinte modo: **1 para uso frequente, 2 para uso menos frequente e 3 para uso menos frequente)**

1) Comunicando com o veterinário/agente de extensão [ ]

2) Ao comunicar com os clientes [ ]

3) Comunicando com outros criadores de gado [ ]

4) Outras utilizações (mencionar) .... [ ]

.... [ ]

26. Considera que o telemóvel é importante para si enquanto criador de gado?

1) SIM

2) NÃO

27. Justifique a sua resposta acima

....

....

2 8.Se a resposta à pergunta 24 for NÃO, explique de que forma o telemóvel ajuda noutras actividades da sua vida quotidiana

....

....

29. Utiliza a Internet para aceder a informações sobre o gado?

1) SIM

2) NÃO

Se a resposta anterior for SIM, passar à pergunta 30; se NÃO, passar à pergunta

30. Como é que utiliza a Internet para aceder a informações sobre o gado? (Por favor, faça um círculo à volta de todas as respostas possíveis, indicando a frequência de utilização nas caixas do seguinte modo: **1 para frequentemente utilizado, 2 para menos frequentemente utilizado e 3 para menos frequentemente utilizado)**

1) Envio de mensagens electrónicas aos responsáveis pela extensão [ ]
2) Comunicação com os clientes [ ]
3) Pesquisa de informação relevante na Internet [ ]
4) Partilha de ideias com os colegas sobre a criação de gado [ ]
5) Utilizar as redes sociais, por exemplo, twitter, facebook, etc [ ]
6) Outras utilizações (mencionar) ....[ ]

....[ ]

31. A Internet é útil para si enquanto criador de gado?

1) SIM
2) NÃO

32 - Justifique as suas respostas

....

....

33. Se não utiliza a Internet para aceder a informações sobre gado, indique as suas razões (seleccione todas as respostas possíveis)

1) Não tenho conhecimentos de informática
2) Não sei como utilizar a Internet
3) Não percebo a linguagem utilizada
4) É demasiado caro
5) Não tenho tempo para aceder à Internet

6) Outros motivos (queira explicar)

....

....

34. Se não utiliza quaisquer TIC para aceder a informações sobre o gado, indique as suas razões

....

....

D: Lacunas na utilização das TIC e opiniões para melhorar a utilização das TIC.

35. Considera que as TIC são ferramentas importantes para aceder à informação sobre o gado?

    1) SIM
    2) NÃO
    3) NÃO TENHO A CERTEZA

36. Dê explicações para a sua resposta acima

....

....

37. Prefere utilizar as TIC para aceder a informações sobre o gado do que outras fontes de informação?

    1) Preferir
    2) Não preferir
    3) Preferir ambos

38. Explica a tua resposta acima?

....

....

39. Dêem a vossa opinião sobre o que deve ser feito para melhorar a utilização dos seguintes produtos

As TIC no acesso à informação sobre o sector pecuário

1) Rádio

....

....

2) Televisão

....

....

3) Telemóvel

....

....

4) Internet

....

....

E: Estratégias para ultrapassar os desafios da utilização das TIC

40. Indique os desafios (caso existam) que, na sua opinião, afectam a utilização das seguintes TIC?

1) Rádio

....

....

2) Televisão

....

....

3) Telemóvel

....

....

4) Internet

....

....

41. O que pensa que deveria ser feito para ultrapassar os desafios acima mencionados na utilização das seguintes TIC?

1) Rádio

....

....

2) Televisão

....

....

3) Telemóvel

....

....

4) Internet

....

....

Muito obrigado pela vossa colaboração!

Apêndice 2: Versão em suaíli do questionário

Dodoso la wafugaji

MADA YA UTAFITI:

Matumizi ya teknolojia ya habari na mawasiliano (teknohama) kati ya wafugaji wa mjini na pembezoni, kwa ajili ya kuboresha upatikanaji wa habari za mifugo katika wilaya za Kinondoni na Morogoro mjini, Tanzania.

Madhumuni ya dodoso:

Madhumuni ya dodoso hili ni kukusanya maelezo kuhusu kiwango cha matumizi ya teknohama, mambo yanayoathiri matumizi yake na jinsi ya kuboresha matumizi yake katika upatikanaji wa taarifa za mifugo. Ukweli katika majibu yako utathaminiwa sana na taarifa za utafiti huu zitatumika tu kwa lengo la elimu na si vinginevyo.

Maelekezo: Tafadhali zungushia jibu/majibu sahihi au jaza nafasi zilizo wazi panapohusika

A: Taarifa za jumla

1.Dodoso namba..............................

2. Mahali unapoishi:

Mkoa..............................

Wilaya ....

Kata ....

Mtaa..............................

3. Jinsi:

1) Mwanamume

2) Mwanamke

4. Umri:

1) Chini ya miaka 31

2) Miaka 31-40

3) Miaka 41-50

4) Miaka 51-60

5) Zaidi ya miaka 60

5. Kiwango cha elimu:

1) Sijasoma

2) Elimu ya msingi

3) Elimu ya secondari

4) Elimu ya watu wazima

5) Chuo (cheti, stashahada)

6) Chuo kikuu (shahada)

6. Unafuga mifugo ipi? (Tafadhali chagua mifugo yote uliyonayo)

1) ngombe

2) mbuzi

3) kondoo

4) nguruwe

5) kuku

6) bata

7) mingine (taja) ....

7. Umekuwa ukifuga kwa muda gani?

1) Chini ya miaka miwili

2) miaka 2-5

3) miaka 5-10

4) zaidi ya miaka 10

8. Mbali na kufUga, unafanya kazi gani?

1) Kujiajiri (m.f biashara, kilimo, nk)

2) Serikalini

3) Kampuni binafsi

4) Sina kazi yoyote

B: Kiwango cha ubora wa njia mbalimbali za upatikanaji wa taarifa za ufugaji

9. Ni aina gani ya taarifa za mifugo unazohitaji katika ufugaji? (Tafadhali zungushia majibu yote sahihi, ukionyesha umuhimu wa kila taarifa kwa kujaza katika visanduku tarakimu zifuatazo; **1 kwa taarifa zinazohitajika zaidi, 2 kwa taarifa zinazohitajika kidogo na 3 kwa taarifa zizozohitajika kidogo sana**)

1) Magonjwa ya mifugo na jinsi ya kuzuia [ ]

2) Lishe na jinsi ya kulisha mifugo [ ]

3) Utengenezaji wa vibanda vya mifugo [ ]

4) Soko na bei ya mazao ya mifugo [ ]

5) Mikopo [ ]

6) Sheria na taratibu za ufugaji [ ]

7) Taarifa nyingine (taja) .... [ ]

.... [ ]

10. Unatumia njia gani kati ya hizi zifuatazo kupata taarifa za mifugo? (Tafadhali zungushia majibu yote sahihi, ukionyesha njia unazotumia zaidi ya nyingine kwa kujaza katika visanduku tarakimu zifuatazo; **I kwa njia zinazotumika zaidi, 2 kwa njia zinazotumika kidogo na 3 kwa njia zinazotumika kidogo sana)**

7) Wagani/madaktari [ ]

8) Maduka ya pembejeo [ ]

9) Maonyesho ya kilimo/mifugo [ ]

10) Wafugaji wenzangu [ ]

11) Vitabu, majarida na vipeperushi [ ]

12) Njia nyingine (taja) .... [ ]

.... [ ]

11. Je, njia hizi unazotumia kupata taarifa za mifugo zina ubora wa kuridhisha?

1) Zinaridhisha sana

2) Zinaridhisha kidogo

3) Haziridhishi kabisa

4) Sijui

12. Tafadhali toa maelezo ya jibu lako

....

....

....

C: Mtazamo wa wafugaji kuhusu matumizi ya teknohama

13. Je, huwa unatumia teknohama zozote kwa mfano simu ya mkononi, redio, televisheni au mtandao wa Internet?

1) NDIYO

2) HAPANA

Kama jibu lako ni NDIYO, endelea na swali linalofuata, kama ni HAPANA, nenda swali la 34

14. Je, huwa unasikiliza vipindi vyovyote vya mifugo redioni?

1) NDIYO

2) HAPANA

Kama jibu ni NDIYO, endelea na swali la 15, kama ni HAPANA nenda swali la 18

15. Tafadhali taja vipindi vya redio vya mifugo unavyovifahamu kati ya vifuatavyo. (Zungushia majibu yote sahihi, ukionyesha kiasi cha kusikiliza kwa kujaza tarakimu katika visanduku kama ifuatavyo; **I kwa vipindi unavyosikiliza sana, 2 kwa vipindi unavyosikiliza kidogo na 3 kwa vipindi usivyosikiliza kabisa**)

1) MfUgaji wa Kisasa (TBC taifa) [ ]

2) PADEP (TBC taifa) [ ]

3) Inuka (Radio Free Africa) [ ]

4) Vipindi vingine (taja) .... [ ]

.................................[ ]

16. Je, unafaidika na vipindi hivi vya redio katika ufugaji wako?

4) Nafaidika sana

5) Nafaidika kidogo

6) Sifaidiki kabisa

17. Tafadhali toa maelezo ya jibu lako

....

....

....

18. Kama jibu la swali la 14 ni hapana, kwa nini huwa husikilizi vipindi hivi vya redio?

1) Sivifahamu vipindi hivi

2) Sifahamu ratiba za vipindi hivi

3) Sina muda wa kusikiliza vipindi hivi

4) Sioni faida ya vipindi hivi

5) Sababu zingine (taja)

....

19. Je, huwa unatazama vipindi vya mifugo katika televisheni?

1) NDIYO

2) HAPANA

Kama jibu ni NDIYO, endelea na swali la 20, kama ni HAPANA nenda swali la 23

20. Tafadhali taja vipindi vya televisheni unavyovifahamu kati ya vifuatavyo. (Zungushia majibu yote sahihi, ukionyesha kiasi cha utazamaji kwa kujaza katika vijisanduku tarakimu zifuatazo; **1 kwa unavyotazama zaidi, 2 kwa unavyotazama kidogo na 3 kwa usivyotazama kabisa**)

5) PADEP (TBC one) [ ]

6) Mfugaji wa ki sasa (TBC one) [ ]

7) Kilimo cha kisasa (Star TV) [ ]

8) Vipindi vingine (taja) .... [ ]

.... [ ]

21. Je, vipindi hivi vya televisheni hukusaidia kupata taarifa muhimu za ufugaji?

1) Vinasaidia sana

2) Vinasaidia kidogo

3) Havisaidii kabisa

22. Tafadhali toa maelezo ya jibu lako

....

....

....

23. Kama huwa huangalii vipindi hivi vya televisheni, sababu zako ni zipi?

1) Sivifahamu vipindi hivi

2) Sifahamu ratiba za vipindi hivi

3) Sina muda wa kuviangalia vipindi hivi

4) Sioni faida ya vipindi hivi

5) Sababu zingine (taja)

....

24. Je, huwa unatumia simu ya mkononi kutafuta au kupata taarifa za mifugo?

1) NDIYO

2) HAPANA

Kama jibu lako ni NDIYO, endelea na swali la 25, kama ni HAPANA nenda swali la 28

25. Huwa unaitumiaje simu ya mkononi kupata taarifa za ufugaji? (Tafadhali

zungushia jibu/majibu husika ukionyesha ni kwa kiasi gani unatumia simu ya mkononi kwa kujaza tarakimu katika vijisanduku kama ifuatavyo; **1 kwa matumizi ya mara nyingi, 2 kwa matumizi ya mara chache na 3 kwa matumizi ya mara chache sana)**

1) Kuwasiliana na wagani/waganga wa mifugo [ ]
2) Kuwasiliana na wateja [ ]
3) Kuwasiliana na wafugaji wenzangu [ ]
4) Matumizi mengine (taja) .... [ ]

....[ ]

26. Je, unafikiri simu ya mkononi ni muhimu kwako kama mfugaji?

1) NDIYO
2) HAPANA

27. Tafadhali toa maelezo ya jibu lako

....

....

....

28. Kama jibu la swali la 24 ni HAPANA, tafadhali elezea matumizi mengine ya simu yako ya mkononi katika maisha yako ya kila siku

....

....

....

29. Je, huwa unatumia mtandao wa Internet kutapata taarifa za ufugaji?

1) NDIYO

2) HAPANA

Kama jibu lako ni NDIYO endelea na swali la 30, kama ni HAPANA nenda swali la 33

30. Huwa unautumiaje mtandao wa Internet kupata taarifa za ufugaji? (Tafadhali zungushia jibu/majibu husika, ukionyesha ni kwa kiasi gani unautumia kupata taarifa za ufugaji kwa kujaza tarakimu husika katika vijisanduku kama ifuatavyo; **1 kwa matumizi ya mara nyingi, 2 kwa mara chache na 3 matumizi ya matumizi ya mara chache sana**

1) Kutuma ujumbe wa maandishi kwa wagani [ ]
2) Kuwasiliana na wateja [ ]
3) Kutafuta taarifa kwenye tovuti mbalimbali [ ]
4) Kushauriana na wafugaji wenzangu [ ]
5) Kutumia mitandao ya kijamii kama twitter, facebook, nk [ ]

6) Matumizi mengine (Taja) .... [ ]

.... [ ]

31.Je, wewe kama mfugaji, unafaidika na mtandao wa Internet?

1) NDIYO
2) HAPANA

32. Tafadhali toa maelezo kwa jibu lako

....

....

....

33.Kama huwa hutumii mtandao wa Internet kupata taarifa za mifugo, tafadhali toa sababu zako (tafadhali chagua majibu yote sahihi)

1) Sina ujuzi wowote wa kutumia kompyuta
2) Sijui jinsi ya kutumia mtandao wa Internet
3) Sielewi lugha zinazotumika
4) Huduma ya mtandao wa Internet ni ghali sana
5) Sina muda wa kutumia mtandao

6) Sababu nyingine (tafadhali eleza)

....

....

....

34. Kama huwa hutumii teknolojia yoyote ya habari na mawasiliano kupata taarifa za mifugo, tafadhali toa sababu

....

....

....

D: Maoni ya kuboresha matumizi ya teknohama

35. Je unafikiri teknohama ni muhimu katika upatikanaji wa taarifa za ufugaji?

    1) NDIYO
    2) HAPANA
    3) SINA UHAKIKA

36. Tafadhali toa maelezo ya jibu lako

....

....

....

37. Je, ungependelea kutumia teknohama kupata taarifa za ufugaji zaidi ya njia nyingine?

    1) Ndiyo ningependelea
    2) Hapana nisingependelea
    3) Ningependelea njia zote

38. Tafadhali toa maelezo ya jibu lako

....

....

....

39. Unashauri kifanyike nini ili kuboresha matumizi ya teknohama zifuatazo katika upatikanaji wa taarifa za ufugaji?

1) Redio

....

....

....

2) Televisheni

....

....

....

3) Simu ya mkononi

....

....

....

4) Mtandao wa Internet

....

....

....

E: Suluhu za kukabiliana na changamoto za matumizi ya teknohama

40. Tafadhali elezea changamoto (kama zipo) za kutumia teknohama zifuatazo

1) Redio

....

....

....

2) Televisheni

....

....

....

3) Simu ya mkononi

....

…………………………………………………………………………………………

…………..

4) Mtandao wa Internet

…………………………………………………………………………………………

…………………………………………………………………………………………

…………..

41. Unafikiri nini kifanyike kukabiliana na changamoto za matumizi ya teknohama zifuatazo?

1) Redio

…………………………………………………………………………………………

…………………………………………………………………………………………

…………..

2) Televisheni

…………………………………………………………………………………………

…………………………………………………………………………………………

…………..

3) Simu ya mkononi

…………………………………………………………………………………………

…………………………………………………………………………………………

…………..

4) Mtandao wa Internet

…………………………………………………………………………………………

…………………………………………………………………………………………

…………..

Asante sana kwa ushirikiano wako!

Apêndice 3: Guia de entrevista para os extensionistas

Objetivo principal do guião da entrevista

Recolher informação sobre a forma como os extensionistas divulgam a informação aos criadores de gado, o grau de utilização das TIC pelos extensionistas, as suas percepções sobre a importância das TIC no acesso à informação sobre o gado e os desafios que os extensionistas enfrentam na utilização das TIC.

Perguntas da entrevista

1. Que tipo de informação costuma divulgar aos criadores de gado? Qual é o nível de necessidade de cada tipo de informação?
2. Quais são os métodos que utiliza para divulgar informações aos criadores de gado? Qual é a frequência de utilização das fontes de informação?
3. Qual é a eficácia dos diálogos presenciais na divulgação de informações sobre o gado? Por favor, explique as vantagens e desvantagens da utilização de diálogos presenciais na divulgação de informações sobre o gado
4. Utiliza alguma TIC para aceder ou divulgar informações sobre o gado aos criadores de gado? Queira mencionar as TIC que utiliza e indicar a frequência de utilização de cada uma delas.
5. Considera que as TIC são ferramentas importantes para aceder ou divulgar informação sobre o gado? Por favor, explique a sua resposta.
6. Prefere utilizá-las em vez de outras fontes de informação? Por favor, explique a sua resposta.
7. Acha que se pode fazer alguma coisa para melhorar a utilização das TIC no acesso à informação sobre o gado? Sugira formas de melhorar a utilização das TIC no acesso à informação sobre o sector pecuário
8. Enfrenta algum desafio na utilização das TICs para disseminar informação sobre o gado? Por favor, explique os desafios, caso existam.
9. Quais são, na sua opinião, as estratégias possíveis para ultrapassar os desafios que mencionou?

Muito obrigado pela vossa colaboração!

Apêndice 4: Versão swahili do guia de entrevista para os extensionistas

Dhumuni la mahojiano

Kupata taarifa kuhusiana na jinsi wagani wanavyosambaza taarifa kwa wafugaji kwa kutumia njia mbalimbali ikiwemo teknolojia ya habari na mawasiliano (teknohama), mtazamo wao kuhusiana na matumizi ya teknohama na umuhimu wake katika kusambaza taarifa za ufugaji na changamoto zinazohusiana na matumizi ya teknohama.

1. Ni taarifa gani za mifugo ambazo unasambaza kwa wafugaji? Ni taarifa zipi zinahitajika zaidi ya nyingine?
2. Je, ni njia zipi unazotumia kuwasiliana na wafugaji? Unazitumia kwa kiasi gani?
3. Njia ya ana kwa ana ni bora kiasi gani katika kuwasiliana na wafugaji? Tafadhali elezea faida na hasara za kutumia njia hii ya ana kwa ana katika kuwasilians na wafugaji.
4. Je, unatumia teknohama kuwasiliana na wafugaji? Tafadhali elezea aina ya teknohama unazotumia na unatumia kwa kiasi gani
5. Je, unafikiri teknohama ni nyenzo muhimu katika kusambaza taarifa za mifugo? Tafadhali toa maelezo ya jibu lako
6. Je, ungependelea kutumia teknohama zaidi kuliko njia nyingine za mawasiliano? Tafadhali toa maelezo ya jibu lako
7. Ili kuboresha matumizi ya teknohama katika kuwasiliana na wafugaji, unafikiri chochóte kinaweza kufanyika? Toa maelezo ya jibu lako.
8. Je, unakutana na changamoto zozote katika kutumia teknohama? Kama jibu ni ndiyo, tafadhali elezea
9. Unafikiri kifanyike nini ili kukabiliana na changamoto hizo?

Asante sana kwa ushirikiano wako!

Apêndice 5: Lista de controlo da observação

Objetivo principal das observações:

Para recolher quaisquer outras informações adicionais que não tenham sido reveladas pelos questionários e entrevistas.

Os componentes seguintes serão utilizados para orientar o investigador na observação.

1. Posse de telemóveis, rádio, televisão e computadores pelos criadores de gado
2. Problemas e necessidades dos criadores de gado, por exemplo, estado dos seus animais, alojamento dos seus animais, alimentação dos animais, etc.
3. Utilização das TIC entre os extensionistas e os criadores de gado
4. Presença de computadores e ligação à Internet nos serviços públicos
5. Presença de telecentros/ cibercafés nas zonas de estudo
6. Presença de estabelecimentos veterinários nas zonas de estudo
7. Existência de serviços de extensão nas zonas de estudo.

Apêndice 6: Carta de autorização de investigação para o distrito de Kinondoni

UNIVERSITY OF DAR-ES-SALAAM

OFFICE OF THE VICE-CHANCELLOR

P.O. BOX 35091 • DAR ES SALAAM • TANZANIA

Ref. No: AB3/12(B)
Date: 18th February, 2011
To: The Regional Administrative Secretary,
Dar es Salaam Region.

UNIVERSITY STAFF AND STUDENTS RESEARCH CLEARANCE

The purpose of this letter is to introduce to you **Ms Consolata Angello** who is a bonafide student of the University of Dar es Salaam and who is at the moment conducting research. Our staff members and students undertake research activities every year especially during the long vacation.

In accordance with a government circular letter Ref.No.MPEC/R/10/1 dated 4th July, 1980 the Vice-Chancellor was empowered to issue research clearances to the staff and students of the University of Dar es Salaam on behalf of the government and the Tanzania Commission for Science and Technology, a successor organization to UTAFITI.

I therefore request you to grant the above-mentioned member of our University community any help that may facilitate her to achieve research objectives. What is required is your permission for her to see and talk to the leaders and members of your institutions in connection with her research.

The title of the research in question is **"Use of Information and Communication Technology Among Urban Livestock Keepers, for Enhanced Access to Livestock Information: A Case of Kinondoni and Morogoro Urban Districts in Tanzania".**

The period for which this permission has been granted is **February, 2011** to **July, 2011** and will cover the following areas/offices: **Kinondoni District.**

Should some of these areas/offices be restricted, you are requested to kindly advise her as to which alternative areas/offices could be visited. In case you may require further information, please contact the Directorate of Research, Tel. 2410500-8 Ext. 2087 or 2410743.

VICE CHANCELLOR
UNIVERSITY OF DAR-ES-SALAAM
P.O. BOX 35091
DAR-ES-SALAAM

Prof. Rwekaza S. Mukandala
VICE-CHANCELLOR

Direct +255 22 2410700
Telephone: +255 22 2410500-8 ext. 2001
Telefax: +255 22 2410078

Telegraphic Address: UNIVERSITY OF DAR ES SALAAM
E-mail: vc@admin.udsm.ac.tz
Website address: www.udsm.ac.tz

Apêndice 7: Carta de autorização da investigação para o distrito urbano de Morogoro

UNIVERSITY OF DAR-ES-SALAAM

OFFICE OF THE VICE-CHANCELLOR

P.O. BOX 35091 • DAR ES SALAAM • TANZANIA

Ref. No: AB3/12(B)
Date: 18th February, 2011
To: The Regional Administrative Secretary,
Morogoro Region.

UNIVERSITY STAFF AND STUDENTS RESEARCH CLEARANCE

The purpose of this letter is to introduce to you **Ms Consolata Angello** who is a bonafide student of the University of Dar es Salaam and who is at the moment conducting research. Our staff members and students undertake research activities every year especially during the long vacation.

In accordance with a government circular letter Ref.No.MPEC/R/10/1 dated 4th July, 1980 the Vice-Chancellor was empowered to issue research clearances to the staff and students of the University of Dar es Salaam on behalf of the government and the Tanzania Commission for Science and Technology, a successor organization to UTAFITI.

I therefore request you to grant the above-mentioned member of our University community any help that may facilitate her to achieve research objectives. What is required is your permission for her to see and talk to the leaders and members of your institutions in connection with her research.

The title of the research in question is **"Use of Information and Communication Technology Among Urban Livestock Keepers, for Enhanced Access to Livestock Information: A Case of Kinondoni and Morogoro Urban Districts in Tanzania".**

The period for which this permission has been granted is **February, 2011** to **July, 2011** and will cover the following areas/offices: **Morogoro Urban District.**

Should some of these areas/offices be restricted, you are requested to kindly advise her as to which alternative areas/offices could be visited. In case you may require further information, please contact the Directorate of Research, Tel. 2410500-8 Ext. 2087 or 2410743.

VICE CHANCELLOR
UNIVERSITY OF DAR-ES-SALAAM
P.O. BOX 35091
DAR-ES-SALAAM

Prof. Rwekaza S. Mukandala
VICE-CHANCELLOR

Direct +255 22 2410700
Telephone: +255 22 2410500-8 ext. 2001
Telefax: +255 22 2410078

Telegraphic Address: UNIVERSITY OF DAR ES SALAAM
E-mail: [illegible]
Website address: [illegible]

Apêndice 8: Autorização de investigação do distrito de Kinondoni

THE UNITED REPUBLIC OF TANZANIA
PRIME MINISTER'S OFFICE
MINISTRY OF REGIONAL ADMINISTRATION AND LOCAL GOVERNMENT

KINONDONI DISTRICT

Telephone No. 2170169 / 2170183

To reply please quote:

Ref. No. AB.230/378/01/232

THE DISTRICT COMMISSIONER'S OFFICE,
P.O BOX 9583,
KINONDONI,
DAR ES SALAAM,
TANZANIA.

21 March, 2011

To All Ward Executive Officers,
Kinondoni District

RE: RESEARCH PERMIT

Pro/Dr/Mr./Mrs./Ms/Miss. **Consolata Angello** who is a researcher from University of Dar es Salaam has been permitted to undertake a field work research on ***"Use of Information and Communication Technology Among Urban Livestock Keepers, for Enhanced Access to Livestock Information"***. W.E.F. **February, 2011** to **July, 2011.**

Please give the researcher the required assistance and cooperation.

Mnyavanu, Z.
For: DISTRICT ADMINISTRATIVE SECRETARY
KINONDONI

Copy: Consolata Angello,
Researcher.

Apêndice 9: Licença de investigação do distrito urbano de Morogoro

JAMHURI YA MUUNGANO WA TANZANIA
OFISI YA WAZIRI MKUU
TAWALA ZA MIKOA NA SERIKALI ZA MITAA

Anuani ya Simu: *MKUU WA WILAYA*
SIMU NA. 2614096/3072
FAX NA. 2600973

Ofisi ya Mkuu wa Wilaya,
S.L.P. 681,
MOROGORO.

Unapojibu Tafadhali taja:

Kumb. Na.AB.210/249/01/31:

4/3/2011

Afisa Tarafa,
Tarafa ya Manispaa,
S.L.P. 681,
MOROGORO.

KIBALI CHA KUFANYA UTAFITI
NDUGU CONSOLATA ANGELLO

Kibali kinatolewa kwa mtajwa hapo juu kutoka Chuo Kikuu cha Dar es Salaam ili kufanya utafiti juu ya "Use of Information and Communication Technology among Urban Livestock Keepers, for Enhanced Access to Livestock Information: A Case of Kinondoni, Morogoro Urban Districts in Tanzania.

Eneo la utafiti katika Wilaya yetu ni Kata za Bigwa, Boma, Kihonda, Kilakala, Kingolwira, Mafiga, Mazimbu, Mji Mkuu, Uwanja wa Ndege na Sabasaba. Kibali hiki ni cha muda wa miezi mitano kuanzia tarehe 03/03/2011 hadi 03/08/2011.

Tunaomba apewe ushirikiano

Madunda, P.H.
Kny: KARIBU TAWALA WILAYA
MOROGORO

Nakala: **MD - MOROGORO**

: Ndg. Consolata Angello,
MTAFITI.

MIX
Papier aus verantwortungsvollen Quellen
Paper from responsible sources
FSC® C105338

Printed by Books on Demand GmbH, Norderstedt / Germany